낭독하는 입트영

낭독하는 입트영 ①건강꿀팁 편

초판 1쇄 발행 2024년 11월 4일

지은이 이현석
책임편집 홍하늘 | **편집** 강지희 백지연
디자인 권지혜
마케팅 두잉글 사업본부

펴낸이 이수영
펴낸곳 롱테일북스
출판등록 제2015-000191호
주소 04033 서울특별시 마포구 양화로 113, 3층(서교동, 순흥빌딩)
전자메일 team@ltinc.net

이 도서는 대한민국에서 제작되었습니다.
롱테일북스는 롱테일㈜의 출판 브랜드입니다.

ISBN 979-11-93992-46-3 13740

낭독하는 입트영

①건강꿀팁 편

1일 1낭독으로
티나는 영어 공부

이현석 지음

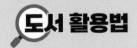

도서 활용법

학습을 시작하기 앞서, **주제 토론 질문**을 활용하여 주제에 대한 여러분의 생각을 공유해 보세요.

본문, 패턴 연습, 대화문의 **오디오 음원**을 들어 보세요.

우리말 본문을 먼저 읽으며 내용을 파악해 보세요.

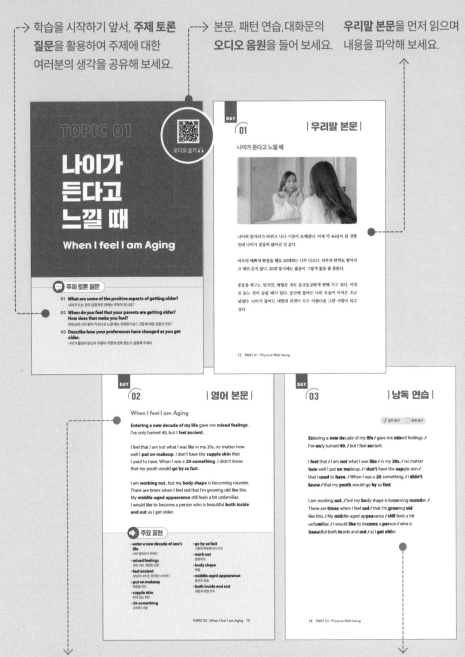

영어 본문에 나온 **주요 표현**을 학습해 보세요. 네이티브들이 자주 사용하는 표현들로 구성했어요.

끊어 읽기와 **강세** 표시를 따라 **낭독**해 보세요. 문장을 적절히 끊어 읽으며 강세를 넣다 보면 어느 순간 네이티브처럼 말하고 있을 거예요.

→ 본문에서 학습한 **패턴**을 **예문**과 함께 활용해 보세요.

→ 주제와 관련된 **대화문**을 읽고 **주요 표현**을 학습해 보세요.

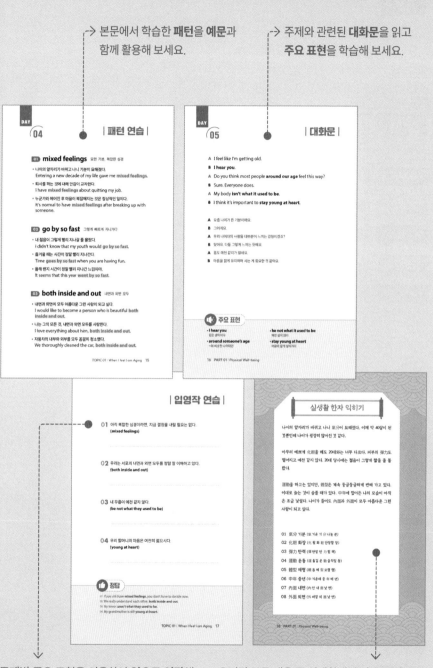

주제별 주요 표현을 이용하여 **입으로 영작**해 보세요. 영작을 하고 나면 정답과 비교하면서 학습해 보세요.

우리말 본문 내용 중 실생활에서 자주 쓰이는 **한자**도 학습해 보세요. 어휘력 향상에 도움이 될 거예요.

목차

PART 3 Activities for Well-being

PART 4 Lifestyle for Well-being

PART 1

신체
건강

**Physical
Well-being**

나이가 든다고 느낄 때

When I feel I am Aging

💬 **주제 토론 질문**

01 What are some of the positive aspects of getting older?
나이가 드는 것의 긍정적인 면에는 무엇이 있나요?

02 When do you feel that your parents are getting older? How does that make you feel?
부모님이 나이 들어 가신다고 느낄 때는 언제인가요? 그럴 때 어떤 심정인가요?

03 Describe how your preferences have changed as you get older.
나이가 들면서 당신의 취향이 어떻게 변해 왔는지 설명해 주세요.

DAY 01

나이가 든다고 느낄 때

나이의 앞자리가 바뀌고 나니 기분이 묘해졌다. 이제 막 40살이 된 것뿐인데 나이가 굉장히 많아진 것 같다.

아무리 예쁘게 화장을 해도 20대와는 너무 다르다. 피부의 탄력도 떨어지고 예전 같지 않다. 20대 당시에는 젊음이 그렇게 짧을 줄 몰랐다.

운동을 하고는 있지만, 체형은 계속 둥글둥글하게 변해 가고 있다. 이대로 늙는 것이 슬플 때가 있다. 중년에 접어든 나의 모습이 아직은 조금 낯설다. 나이가 들어도 내면과 외면이 모두 아름다운 그런 사람이 되고 싶다.

When I feel I am Aging

Entering a new decade of my life gave me **mixed feelings**. I've only turned 40, but I **feel ancient**.

I feel that I am not what I was like in my 20s, no matter how well I **put on makeup**. I don't have the **supple skin** that I used to have. When I was a **20-something**, I didn't know that my youth would **go by so fast**.

I am **working out**, but my **body shape** is becoming rounder. There are times when I feel sad that I'm growing old like this. My **middle-aged appearance** still feels a bit unfamiliar. I would like to become a person who is beautiful **both inside and out** as I get older.

 주요 표현

- **enter a new decade of one's life**
  나이 앞자리가 바뀌다
- **mixed feelings**
  묘한 기분, 복잡한 심경
- **feel ancient**
  상당히 나이 든 것처럼 느껴지다
- **put on makeup**
  화장을 하다
- **supple skin**
  탄력 있는 피부
- **20-something**
  20대인 사람

- **go by so fast**
  그렇게 빠르게 지나가다
- **work out**
  운동하다
- **body shape**
  체형
- **middle-aged appearance**
  중년의 모습
- **both inside and out**
  내면과 외면 모두

/ 끊어 읽기   ◉ 강세 넣기

Entering a **new de**cade of my **life** / gave me **mix**ed feelings. /
I've **on**ly turned **40**, / but I feel **an**cient.

I **feel** that / I am **not** what I was **like** / in my **20s**, / no matter
how well I put **on ma**keup. / I **don't** have the **sup**ple skin /
that I **used** to **have**. / When I was a **20**-something, / I **didn't**
know / that my **youth** would go **by** so **fast**.

I am working **out**, / but my **bo**dy shape is be**co**ming **round**er. /
There are **times** when I feel **sad** / that I'm **grow**ing **old**
like this. / My **mid**dle-aged ap**pea**rance / **still** feels a bit
unfa**mi**liar. / I would **like** to be**come** a **per**son / who is
beautiful both **in**side and **out** / as I **get old**er.

01 mixed feelings 묘한 기분, 복잡한 심경

- 나이의 앞자리가 바뀌고 나니 기분이 묘해졌다.
  Entering a new decade of my life gave me **mixed feelings**.
- 퇴사를 하는 것에 대해 만감이 교차한다.
  I have **mixed feelings** about quitting my job.
- 누군가와 헤어진 후 마음이 복잡해지는 것은 정상적인 일이다.
  It's normal to have **mixed feelings** after breaking up with someone.

02 go by so fast 그렇게 빠르게 지나가다

- 내 젊음이 그렇게 빨리 지나갈 줄 몰랐다.
  I didn't know that my youth would **go by so fast**.
- 즐거울 때는 시간이 정말 빨리 지나간다.
  Time **goes by so fast** when you are having fun.
- 올해 왠지 시간이 정말 빨리 지나간 느낌이야.
  It seems that this year **went by so fast**.

03 both inside and out 내면과 외면 모두

- 내면과 외면이 모두 아름다운 그런 사람이 되고 싶다.
  I would like to become a person who is beautiful **both inside and out**.
- 나는 그의 모든 것, 내면과 외면 모두를 사랑한다.
  I love everything about him, **both inside and out**.
- 자동차의 내부와 외부를 모두 꼼꼼히 청소했다.
  We thoroughly cleaned the car, **both inside and out**.

A I feel like I'm getting old.

B **I hear you**.

A Do you think most people **around our age** feel this way?

B Sure. Everyone does.

A My body **isn't what it used to be**.

B I think it's important to **stay young at heart**.

A 요즘 나이가 든 기분이에요.

B 그러게요.

A 우리 나이대의 사람들 대부분이 느끼는 감정이겠죠?

B 맞아요. 다들 그렇게 느끼는 듯해요.

A 몸도 예전 같지가 않네요.

B 마음을 젊게 유지하며 사는 게 중요한 것 같아요.

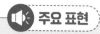 **주요 표현**

- **I hear you**
  같은 생각이다
- **around someone's age**
  ~와 비슷한 나이대인

- **be not what it used to be**
  예전 같지 않다
- **stay young at heart**
  마음이 젊게 살아가다

01 아직 복잡한 심경이라면, 지금 결정을 내릴 필요는 없다.
(mixed feelings)

....

02 우리는 서로의 내면과 외면 모두를 정말 잘 이해하고 있다.
(both inside and out)

....

03 내 무릎이 예전 같지 않다.
(be not what they used to be)

....

04 우리 할머니의 마음은 여전히 젊으시다.
(young at heart)

....

 정답

01. If you still have **mixed feelings**, you don't have to decide now.
02. We really understand each other, **both inside and out.**
03. My knees **aren't what they used to be.**
04. My grandmother is still **young at heart.**

나이의 앞자리가 바뀌고 나니 氣分이 묘해졌다. 이제 막 40살이 된 것뿐인데 나이가 굉장히 많아진 것 같다.

아무리 예쁘게 化粧을 해도 20대와는 너무 다르다. 피부의 彈力도 떨어지고 예전 같지 않다. 20대 당시에는 젊음이 그렇게 짧을 줄 몰랐다.

運動을 하고는 있지만, 體型은 계속 둥글둥글하게 변해 가고 있다. 이대로 늙는 것이 슬플 때가 있다. 中年에 접어든 나의 모습이 아직은 조금 낯설다. 나이가 들어도 內面과 外面이 모두 아름다운 그런 사람이 되고 싶다.

01 氣分 기분 (氣 기운 기 分 나눌 분)
02 化粧 화장 (化 될 화 粧 단장할 장)
03 彈力 탄력 (彈 탄알 탄 力 힘 력)
04 運動 운동 (運 옮길 운 動 움직일 동)
05 體型 체형 (體 몸 체 型 모형 형)
06 中年 중년 (中 가운데 중 年 해 년)
07 內面 내면 (內 안 내 面 낯 면)
08 外面 외면 (外 바깥 외 面 낯 면)

TOPIC 02

피부 관리 꿀팁

Skincare Tips

💬 주제 토론 질문

01 How has your skincare routine changed as you have gotten older?
나이가 들면서 피부 관리 루틴이 어떻게 변했나요?

02 Where do you buy your skincare products? How do you decide what to buy?
피부 관리 제품을 어디서 구매하나요? 무슨 제품을 살지 어떻게 결정하나요?

03 What do you think is the main cause of aging skin? How can it be prevented?
피부 노화의 주된 원인이 무엇이라고 생각하나요? 어떻게 예방될 수 있을까요?

피부 관리 꿀팁

나는 나이에 비해 꽤 동안인 피부를 유지하고 있다.

첫째, 나는 마치 목숨이 걸린 일처럼 선크림을 바른다. 피부 노화는 대부분 자외선 때문에 발생한다. 이를 차단하기 위해 선크림은 365일 꼭 발라줘야 한다.

둘째, 이중 세안은 선택이 아닌 필수이다. 피부에 노폐물이 남아 있으면 피부 트러블이 생긴다. 그래서 2차 세안은 꼭 필요하다.

그 밖에도 좋은 화장품 사용하기, 팩 자주 해 주기, 숙면 등이 있다.
가장 중요한 것은 피부에 꾸준히 관심을 가지고 관리를 해 주는 것이다.

DAY 07

Skincare Tips

I have managed to maintain fairly **youthful-looking skin** for my age.

First, I apply sunscreen **like my life depends on it**.
Most signs of **aging of the skin** are caused by **UV rays**.
To block them out, sunscreen is **a must** throughout the year.

Second, double facial cleansing is **not a choice but a necessity**. **Impurities** left on the skin can lead to skin problems. So, a second cleanse is essential.

There are also other things, such as using good skincare products, using **cosmetic face masks** regularly, and **getting plenty of sleep**.
But the most important thing is to take care of your skin consistently and give it **the attention it needs**.

 주요 표현

- **youthful-looking skin**
  젊어 보이는 피부
- **like one's life depends on it**
  목숨이 걸린 것처럼, 매우 집중해서
- **aging of the skin**
  피부 노화
- **UV rays (ultraviolet rays)**
  자외선
- **a must**
  필수적인 것

- **not a choice but a necessity**
  선택이 아닌 필수
- **impurities**
  노폐물
- **cosmetic face mask**
  미용 마스크 팩
- **get plenty of sleep**
  충분한 수면을 취하다
- **the attention it needs**
  ~에 필요한 관심

⏸ 끊어 읽기   ◉ 강세 넣기

I have **ma**naged to main**tain** / fairly **youth**ful-looking **skin** / for my **age**.

First, / I ap**ply sun**screen / like my **life** de**pends** on it. / **Most** signs of **a**ging of the **skin** / are caused by UV **rays**. / To **block** them **out**, / **sun**screen is a **must** / through**out** the **year**.

Second, / **dou**ble facial **clean**sing / is **not** a **choice** / but a ne**ces**sity. / Im**pu**rities **left** on the **skin** / can **lead** to **skin pro**blems. / So, / a **se**cond **clean**se is es**sen**tial.

There are **al**so **o**ther things, / such as using **good skin**care **pro**ducts, / using cos**me**tic **face** masks re**gu**larly, / and **get**ting **plen**ty of **sleep**.
But the **most** im**por**tant thing / is to take **ca**re of your **skin** con**sis**tently / and **give** it the at**ten**tion / it **needs**.

01 youthful-looking skin 젊어 보이는 피부

- 나는 나이에 비해 꽤 동안인 피부를 유지하고 있다.
  I have managed to maintain fairly **youthful-looking skin** for my age.

- 우리 엄마는 연세에 비해 피부가 젊어 보이는 편이다.
  My mom has **youthful-looking skin** for her age.

- 사람들은 젊어 보이는 피부를 유지하려고 큰돈도 아끼지 않는다.
  People spend lots of money to maintain **youthful-looking skin**.

02 like one's life depends on it
목숨이 걸린 것처럼, 매우 집중해서

- 나는 마치 목숨이 걸린 일처럼 선크림을 바른다.
  I apply sunscreen **like my life depends on it**.

- 나는 마치 시험에 목숨이 걸린 것처럼 공부했다.
  I studied for the test **like my life depends on it**.

- 매뉴얼을 초집중해서 정독하는 것이 좋을 거야.
  You should read the manual **like your life depends on it**.

03 not a choice but a necessity 선택이 아닌 필수

- 세안은 선택이 아닌 필수이다.
  Facial cleansing is **not a choice but a necessity**.

- 요즘은 AI를 사용하는 것은 선택이 아닌 필수이다.
  These days, using artificial intelligence is **not a choice but a necessity**.

- 내 나이가 되면 건강하게 식사하는 것이 선택이 아닌 필수이다.
  At my age, eating healthy is **not a choice but a necessity**.

A You have such great skin!

B Oh, you're too kind.

A Your skin is **wrinkle-free**. Were you **born with it**?

B No. I do **put a lot of care into** my **skincare**.

A I need to do that too.

B I'll **give you some tips**, if you want.

A 피부가 어쩜 이리 좋으세요?

B 아이고, 아니에요.

A 주름살 하나 없으세요. 타고난 건가요?

B 아니요. 피부 관리를 정성스럽게 해요.

A 저도 그렇게 해야 하는데.

B 원하시면, 제가 몇 가지 팁을 드릴게요.

 주요 표현

- **wrinkle-free**
  주름이 없는
- **born with it**
  타고난
- **put a lot of care into**
  ~에 신경을 많이 쓰다

- **skincare**
  피부 관리
- **give someone some tips**
  ~에게 조언을 주다

01 젊어 보이는 피부를 유지하려면 잠을 잘 자야 한다.
(youthful-looking skin)

....

02 나는 어휘를 마치 목숨이 걸린 것처럼 외웠다.
(like one's life depends on it)

....

03 외출할 때 선크림을 바르는 것은 선택이 아닌 필수이다.
(not a choice but a necessity)

....

04 나는 신경을 많이 써서 그 발표를 준비했다.
(put a lot of care into)

....

👍 정답

01. To maintain **youthful-looking skin**, you have to sleep well.
02. I memorized vocabulary **like my life depended on it**.
03. Wearing sunscreen when you go outdoors is **not a choice but a necessity**.
04. I **put a lot of care into** that presentation.

나는 나이에 비해 꽤 童顔인 피부를 유지하고 있다.

첫째, 나는 마치 목숨이 걸린 일처럼 선크림을 바른다. 피부 老化는 대부분 자외선 때문에 발생한다. 이를 遮斷하기 위해 선크림은 365일 꼭 발라 줘야 한다.

둘째, 이중 洗顔은 選擇이 아닌 필수이다. 피부에 老廢物이 남아 있으면 피부 트러블이 생긴다. 그래서 2차 洗顔은 꼭 필요하다.

그 밖에도 좋은 화장품 사용하기, 팩 자주 해 주기, 熟眠 등이 있다. 가장 중요한 것은 피부에 꾸준히 關心을 가지고 관리를 해 주는 것이다.

01 童顔 동안 (童 아이 동 顔 낯 안)

02 老化 노화 (老 늙을 노 化 될 화)

03 遮斷 차단 (遮 가릴 차 斷 끊을 단)

04 洗顔 세안 (洗 씻을 세 顔 낯 안)

05 選擇 선택 (選 가릴 선 擇 가릴 택)

06 老廢物 노폐물 (老 늙을 노 廢 무너질 폐 物 물건 물)

07 熟眠 숙면 (熟 익을 숙 眠 잘 면)

08 關心 관심 (關 관계할 관 心 마음 심)

오디오 듣기 🎧

체중 관리의 중요성

The Importance of Weight Control

💬 주제 토론 질문

01 Describe how you would plan a healthy diet without starving yourself.
굶지 않고 건강하게 다이어트할 수 있는 방법을 말해 보세요.

02 Which do you think is more important: a healthy diet or regular exercise?
건강한 식단과 정기적인 운동 중에서 무엇이 더 중요하다고 생각하나요?

03 Do you think people are too obsessed with their weight these days? Why or why not?
사람들이 요즘 체중에 너무 지나치게 집착하고 있다고 생각하나요? 왜 그렇게 생각하나요?

체중 관리의 중요성

체중 증가는 누구나 살면서 한 번쯤 겪는 일입니다. 잦은 외식을 하거나 수면 장애 등이 있으면, 과체중이나 비만이 될 확률이 높습니다.

결론적으로 균형 잡힌 식사를 규칙적으로 하고, 가능한 한 많이 움직여야 건강한 체중을 유지할 수 있습니다.

단기간에 다이어트를 하는 것은 바람직하지 않습니다. 그보다는, 좋은 식습관을 유지하고, 꾸준히 운동을 해야만 비만을 예방할 수 있습니다. 다이어트는 누구에게나 평생의 숙제입니다. 이 과정 자체를 즐긴다면 마음까지 건강해질 수 있습니다.

The Importance of Weight Control

Everyone experiences weight gain **at some point** in their lives. **Eating out** frequently or having a sleep disorder **puts you at greater risk of** becoming **overweight** or **obese**.

In the end, you can only maintain a healthy weight by having consistent, balanced meals and **staying active** as much as possible.

A **crash diet** is **not favorable**. Instead, you should maintain **healthy eating habits** and **work out consistently** to prevent obesity. Dieting is a **life-long task** for everyone. Enjoying the process can even improve your **emotional well-being**.

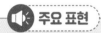 주요 표현

- **at some point**
  언젠가 한 번쯤은

- **eat out**
  외식하다

- **put someone at greater risk of**
  ~의 위험을 높이다

- **overweight**
  과체중인

- **obese**
  비만인

- **stay active**
  활동적으로 지내다, 많이 움직이다

- **crash diet**
  급다이어트

- **not favorable**
  바람직하지 않은

- **healthy eating habits**
  건강한 식습관

- **work out consistently**
  꾸준히 운동을 하다

- **life-long task**
  평생의 숙제

- **emotional well-being**
  마음의 건강

/ 끊어 읽기   ⊙ 강세 넣기

Everyone ex**pe**riences **weight** gain **/** at **some** point in their li**ves. /** Eating **out fre**quently **/** or **ha**ving a **sleep** dis**or**der **/** **puts** you at **great**er risk **/** of becoming over**weight /** or o**be**se.

In the **end** , **/** you can **on**ly main**tain** a **heal**thy weight **/** by having con**sis**tent, **/** ba**la**nced **meals /** and **stay**ing ac**tive /** as **much** as **pos**sible.

A **crash** diet **/** is **not fa**vorable. **/** In**stead** , **/** you should main**tain** healthy **eat**ing habits **/** and work **out** con**sis**tently **/** to pre**vent** o**be**sity. **/ Diet**ing is a **life**-long task **/** for everyone. **/** En**joy**ing the **pro**cess **/** can **e**ven im**pro**ve **/** your e**mo**tional **well**-being.

01 stay active 활동적으로 지내다, 많이 움직이다

- 최대한 활동적으로 지내야 한다.
  You need to **stay active** as much as possible.

- 우리 부모님은 최대한 활동적으로 지내려고 하신다.
  My parents try to **stay active** as much as possible.

- 나는 매일 아침에 조깅함으로써 활동적으로 지내려고 한다.
  I try to **stay active** by jogging every morning.

02 crash diet 급다이어트

- 급다이어트를 하는 것은 바람직하지 않다.
  A **crash diet** is not favorable.

- 여러 가지 급다이어트를 시도해 봤지만, 성공한 적은 없었다.
  I've tried various **crash diets**, but none of them were successful.

- 급다이어트는 성공한 경우라도 건강에 해로울 수 있다.
  Even a successful **crash diet** can be unhealthy for you.

03 life-long task 평생의 숙제

- 다이어트는 누구에게나 평생의 숙제이다.
  Dieting is a **life-long task** for everyone.

- 새로운 능력을 개발하는 것은 평생의 숙제이다.
  Learning new skills is a **life-long task**.

- 부모의 역할을 하는 것은 평생의 숙제라고 인식되는 경우가 많다.
  Parenting is often viewed as a **life-long task**.

A I really need to **shed some pounds** this year.

B Me too.

A But I fail every time I **go on a diet**.

B Yeah. It's important to change your eating habits.

A Yes, I think I need to **make it a habit** to **eat light**.

B That's a good way to start.

A 올해는 정말 살을 좀 빼야겠어.

B 나도 그럴까 해.

A 그런데 다이어트를 하면 항상 실패해.

B 맞아. 그래서 식습관 자체를 바꾸는 것이 중요해.

A 응, 소식하는 습관을 길러야겠어.

B 좋은 출발점이 되겠네.

 주요 표현

- **shed some pounds**
  살을 좀 빼다
- **go on a diet**
  다이어트를 하다

- **make it a habit**
  습관화하다
- **eat light**
  가볍게 먹다, 소식하다

01 건강을 유지하는 것은 평생의 숙제이다.
(life-long task)

....

02 나는 급다이어트로 살을 많이 뺐다.
(crash diet)

....

03 식습관을 바꾸는 것은 생각하는 것만큼 쉽지 않다.
(change one's eating habits)

....

04 나는 저녁 식사 때는 주로 가볍게 먹는 편이다.
(eat light)

....

 정답

01. Staying healthy is a **life-long task**.
02. I lost a lot of weight on a **crash diet**.
03. **Changing your eating habits** is harder than you think.
04. I usually **eat light** at dinnertime.

體重 증가는 누구나 살면서 한 번쯤 겪는 일입니다. 잦은 外食을 하거나 睡眠 장애 등이 있으면, 過體重이나 肥滿이 될 확률이 높습니다.

결론적으로 균형 잡힌 식사를 규칙적으로 하고, 가능한 한 많이 움직여야 건강한 體重을 유지할 수 있습니다.

단기간에 다이어트를 하는 것은 바람직하지 않습니다. 그보다는, 좋은 食習慣을 유지하고, 꾸준히 운동을 해야만 肥滿을 豫防할 수 있습니다. 다이어트는 누구에게나 평생의 숙제입니다. 이 과정 자체를 즐긴다면 마음까지 건강해질 수 있습니다.

01 **體重 체중** (體 몸 체 重 무거울 중)
02 **外食 외식** (外 바깥 외 食 밥 식)
03 **睡眠 수면** (睡 졸음 수 眠 잘 면)
04 **過體重 과체중** (過 지날 과 體 몸 체 重 무거울 중)
05 **肥滿 비만** (肥 살찔 비 滿 찰 만)
06 **食習慣 식습관** (食 밥 식 習 익힐 습 慣 익숙할 관)
07 **豫防 예방** (豫 미리 예 防 막을 방)

오디오 듣기 🎧

바른
자세

Good Posture

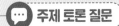

💬 주제 토론 질문

01 **What are some of the reasons many modern people have bad posture?**
많은 현대인들의 자세가 좋지 않은 이유에는 무엇이 있을까요?

02 **What are some tips for maintaining good posture at work or while studying?**
직장에서나 공부를 할 때 좋은 자세를 유지하는 방법에는 무엇이 있을까요?

03 **Describe the things you do in your daily routine to improve your health.**
매일 하는 루틴 중에 건강을 증진하기 위해 하는 것들에 대해 말해 보세요.

바른 자세

정형외과에 가서 엑스레이를 촬영했다. '거북목' 진단을 받았다. 그날부로 잠을 잘 때 목 부분 자세를 올바르게 교정했다.

30대에 들어서면서 허리가 아프기 시작했다. 구부정하게 앉는 생활 습관을 갖고 있기 때문이었다. 이젠, 통증이 더 심해지기 전에 최대한 바른 자세를 유지하려고 노력하고 있다. 의자에 앉을 때, 엉덩이를 의자 끝까지 밀착시킨다. 그리고 허리를 곧게 펴고 앉아서 일하려고 노력 중이다.

그런데, 일에 집중하다 보면, 나도 모르게 자세가 흐트러진다. 그래서 눈이 가는 곳곳에 '바른 자세'라고 써 놓은 포스트잇을 붙여 두었다.

Good Posture

I went to an **orthopedic clinic** and **took an X-ray**. I **was diagnosed with** something called 'turtle neck syndrome.' I started to adjust my neck posture every night when I **went to bed**.

In my 30s, my **lower back started to act up**. It was because I was **sitting hunched over** a lot. Now, I am trying to **maintain good posture** before the pain gets worse. When I sit in a chair, I keep my hips to the back of the seat. I try to **sit up straight** when I work.

Even so, my posture **falls apart** whenever I really focus on my work. That's why I have left post-its **everywhere I look**, with the words 'good posture' written on them.

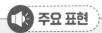 주요 표현

- **orthopedic clinic**
  정형외과 의원
- **take an X-ray**
  엑스레이 촬영을 하다
- **be diagnosed with**
  ~진단을 받다
- **turtle neck syndrome**
  거북목 증후군
- **go to bed**
  잠자리에 들다
- **lower back**
  허리

- **start to act up**
  아프기 시작하다
- **sit hunched over**
  구부정하게 앉다
- **maintain good posture**
  바른 자세를 유지하다
- **sit up straight**
  허리를 곧게 펴고 앉다
- **fall apart**
  흐트러지다
- **everywhere I look**
  눈이 가는 곳마다

I **went** to an ortho**pe**dic **cli**nic / and **took** an **X**-ray. / I was diag**no**sed with something called / '**tur**tle **neck syn**drome.' / I **start**ed to ad**just** my **neck** posture every **night** / when I **went** to **bed**.

In my **30s**, / my **lo**wer **back** / **start**ed to act **up**. / It was because / I was **sit**ting hunched **over** a **lot**. / Now, I am **try**ing to main**tain good** posture / before the **pain** gets **worse**. / When I **sit** in a **chair**, / I **keep** my **hips** / to the **back** of the **seat**. / I **try** to sit **up straight** / when I **work**.

Even so, / my **pos**ture falls a**part** / when**ever** I really **fo**cus on my **work**. / **That's** why I have left **post**-its / **e**verywhere I **look**, / with the words '**good pos**ture' / **writ**ten on them.

01 **start to act up** 아프기 시작하다

- 30대에 들어서면서 허리가 아프기 시작했다.
  In my 30s, my lower back **started to act up**.
- 비만 오면 나는 무릎이 아프기 시작한다.
  My knees **start to act up** whenever it rains.
- 매년 봄이 되면 알레르기가 기승을 부리기 시작한다.
  My allergies **start to act up** every spring.

02 **maintain good posture** 바른 자세를 유지하다

- 통증이 더 심해지기 전에 최대한 바른 자세를 유지하려고 노력하고 있다.
  I am trying to **maintain good posture** before the pain gets worse.
- 살을 좀 빼면 바른 자세를 유지하기가 더 쉬워진다.
  It's easier to **maintain good posture** if you lose some weight.
- 그는 피곤할 때도 항상 바른 자세를 유지한다.
  He always **maintains good posture**, even when he's tired.

03 **sit up straight** 허리를 곧게 펴고 앉다

- 일할 때 허리를 곧게 펴고 앉으려고 노력한다.
  I try to **sit up straight** when I work.
- 온라인 미팅을 할 때 허리를 곧게 펴고 앉는 것을 잊지 마세요.
  Remember to **sit up straight** during online meetings.
- 허리를 곧게 펴고 앉는 것은 허리 통증 예방에 도움이 된다.
  Sitting up straight helps prevent back pain.

A You really should **sit up straight**.

B Okay, okay.

A Yeah. **Sitting hunched over** is really bad.

B I'm trying to fix it, but it's not easy.

A **Maintaining good posture** is really important.

B I **totally agree**.

A 너는 정말 허리를 펴고 앉아야 해.

B 응. 알았어.

A 응. 그렇게 구부정하게 하고 있으면 정말 안 좋아.

B 고치려고 노력 중인데, 잘 안 돼.

A 올바른 자세를 유지하는 것은 정말 중요해.

B 전적으로 동의하는 바야.

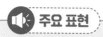 **주요 표현**

- **sit up straight**
  허리를 곧게 펴고 앉다
- **sit hunched over**
  구부정하게 앉다
- **maintain good posture**
  좋은 자세를 유지하다
- **totally agree**
  전적으로 동의하다

01 나는 타이핑을 너무 오래 하면 손목이 아프기 시작한다.
(start to act up)

....

02 편한 옷을 입으면 바른 자세를 유지하기가 더 쉬워진다.
(maintain good posture)

....

03 이 의자는 내가 허리를 곧게 펴고 앉을 수 있게 도와준다.
(sit up straight)

....

04 그는 50대 후반에 암 진단을 받았다.
(be diagnosed with)

....

 정답

01. My wrists **start to act up** when I type for too long.
02. It's easier to **maintain good posture** if you wear comfortable clothes.
03. This chair helps me **sit up straight**.
04. He **was diagnosed with** cancer in his late 50s.

실생활 한자 익히기

정형외과에 가서 엑스레이를 撮影했다. '거북목' 診斷을 받았다.
그날부로 잠을 잘 때 목 부분 姿勢를 올바르게 矯正했다.

30대에 들어서면서 허리가 아프기 시작했다. 구부정하게 앉는 生活
習慣을 갖고 있기 때문이었다. 이젠, 통증이 더 심해지기 전에 최대한
바른 姿勢를 유지하려고 노력하고 있다. 의자에 앉을 때, 엉덩이를
의자 끝까지 密着시킨다. 그리고 허리를 곧게 펴고 앉아서 일하려고
노력 중이다.

그런데, 일에 集中하다 보면, 나도 모르게 姿勢가 흐트러진다. 그래
서 눈이 가는 곳곳에 '바른 姿勢'라고 써 놓은 포스트잇을 붙여 두
었다.

01 撮影 촬영 (撮 모을 촬 影 그림자 영)
02 診斷 진단 (診 진찰할 진 斷 끊을 단)
03 姿勢 자세 (姿 모양 자 勢 형세 세)
04 矯正 교정 (矯 바로잡을 교 正 바를 정)
05 生活 생활 (生 날 생 活 살 활)
06 習慣 습관 (習 익힐 습 慣 익숙할 관)
07 密着 밀착 (密 빽빽할 밀 着 붙을 착)
08 集中 집중 (集 모을 집 中 가운데 중)

TOPIC 05

오디오 듣기 🎧

탈모와 스트레스

Hair Loss and Stress

💬 **주제 토론 질문**

01 **What are some common causes of hair loss?**
탈모의 주요 원인들에는 무엇이 있나요?

02 **Describe your hair. Talk about the color, texture, and style.**
당신의 머리카락을 묘사해 보세요. 색상, 머릿결, 스타일 등에 대해 이야기해 보세요.

03 **In what ways has your body changed over time?**
시간이 지남에 따라, 당신의 몸이 어떤 식으로 변화했나요?

탈모와 스트레스

나는 심각한 스트레스로 원형탈모를 경험한 적이 있다. 아이러니하게도 스트레스 때문에 생긴 탈모였는데, 탈모 때문에 스트레스를 더 받았다. 한마디로 악순환이었다.

그래서 피부과에 가서 레이저 치료를 매주 받기 시작했다. 신기하게도 머리카락이 다시 나기 시작했다. 나는 갑상선암 수술을 받은 적이 있다. 그런데, 탈모에 의한 스트레스는 암에 의한 스트레스만큼이나 컸다.

만병의 근원은 스트레스라고 한다. 물론, 스트레스를 아예 안 받고 사는 것은 어려운 일이다. 그래서 살아가며 받는 스트레스를 잘 관리하는 지혜가 필요하다.

Hair Loss and Stress

I have experienced **spot baldness** due to **severe stress**.
Ironically, the **hair loss** was **caused by stress**, but the hair
loss itself caused even more stress. It was **a vicious cycle**.

So, I started **going to a dermatologist** to receive laser
treatment every week. Amazingly, my hair started to **grow
back**. I have **received surgery for** thyroid cancer. But the
stress caused by hair loss was **just as severe**.

They say that stress is **the root of all illness**. Of course, it is
difficult to completely live without stress. That's why we need
to **wisely mange the stress** that we get in life.

 주요 표현

- **spot baldness**
  원형탈모
- **severe stress**
  심한 스트레스
- **hair loss**
  탈모
- **caused by stress**
  스트레스로 유발된
- **a vicious cycle**
  악순환
- **go to a dermatologist**
  피부과에 가다

- **grow back**
  다시 자라다
- **receive surgery for**
  ~치료를 위한 수술을 받다
- **just as severe**
  동일한 정도로 심한
- **the root of all illness**
  만병의 근원
- **wisely manage the stress**
  스트레스를 지혜롭게 관리하다

I have ex**pe**rienced **spot bald**ness / due to se**ve**re st**ress**. /
I**ro**nically, / the **hair** loss was caused by st**ress**, / but the **hair**
loss it**self** / caused even **mo**re st**ress**. / It was a **vi**cious **cy**cle.

So, / I **start**ed going to a derma**to**logist / to re**cei**ve **la**ser
treatment / every **week**. / A**ma**zingly, / my **hair** started to
grow **back**. / I have re**cei**ved **sur**gery / for **thy**roid cancer. /
But the st**ress** caused by **hair** loss / was **just** as se**ve**re.

They **say** that st**ress** / is the **root** of **all ill**ness. / Of **course**, /
it is **dif**ficult / to com**ple**tely live with**out** st**ress**. / **That's** why
we **need** to / **wi**sely **ma**nage the st**ress** / that we **get** in **life**.

01 a vicious cycle 악순환

- 한마디로 악순환이었다.
  It was **a vicious cycle**.
- 스트레스와 수면 부족은 피로의 악순환을 만들 수 있습니다.
  Stress and lack of sleep can form **a vicious cycle** of exhaustion.
- 빚은 종종 돈을 빌리고 갚는 악순환을 만들어 내는 경우가 많다.
  Debt often creates **a vicious cycle** of borrowing and repayment.

02 grow back 다시 자라다

- 머리가 다시 나기 시작했다.
  My hair started to **grow back**.
- 머리가 다시 자라는 데 5개월이 걸렸다.
  It took five months for my hair to **grow back**.
- 날씨가 따뜻해지면, 잔디가 다시 자랄 것이다.
  The grass will **grow back** once the weather warms up.

03 the root of all illness 만병의 근원

- 만병의 근원은 스트레스라고 한다.
  They say that stress is **the root of all illness**.
- 과도한 체중 증가는 만병의 원인이 될 수도 있다.
  Excessive weight gain can be **the root of all illness**.
- 활동량이 부족한 생활 습관은 만병의 원인이다.
  An inactive lifestyle is **the root of all illness**.

A I am **suffering from hair loss** caused by stress.

B Really?

A Yes, the hair loss leads to even more stress.

B I see. It seems like **a vicious cycle**.

A I hope it gets better soon.

B Yes, I hope for your **speedy recovery**.

A 스트레스 때문에 탈모가 생겼어요.

B 정말이요?

A 네, 탈모가 생기니 스트레스가 더 쌓여요.

B 그러게요. 악순환인 것 같네요.

A 빨리 좋아지면 좋겠어요.

B 네, 빨리 나으시길 바라요.

 **주요 표현**

- **suffer from hair loss**
  탈모를 겪다
- **a vicious cycle**
  악순환

- **speedy recovery**
  빠른 쾌유

01 수면 부족은 악순환으로 이어질 수 있다.
(a vicious cycle)

....

02 비만은 만병의 원인이 될 수 있다.
(the root of all illness)

....

03 시간이 지나면 손톱이 다시 자라기 시작할 것이다.
(grow back)

....

04 우리 모두가 그녀의 빠른 쾌유를 바랐다.
(speedy recovery)

....

 정답

01. Sleep deprivation can lead to **a vicious cycle**.
02. Obesity can be **the root of all illness**.
03. Your fingernails will start to **grow back** after some time.
04. We all wished for her **speedy recovery**.

실생활 한자 익히기

나는 심각한 스트레스로 원형脫毛를 경험한 적이 있다. 아이러니하게도 스트레스 때문에 생긴 脫毛였는데, 脫毛 때문에 스트레스를 더 받았다. 한마디로 惡循環이었다.

그래서 皮膚科에 가서 레이저 治療를 매주 받기 시작했다. 신기하게도 머리카락이 다시 나기 시작했다. 나는 갑상선암 手術을 받은 적이 있다. 그런데, 脫毛에 의한 스트레스는 암에 의한 스트레스만큼이나 컸다.

萬病의 根源은 스트레스라고 한다. 물론, 스트레스를 아예 안 받고 사는 것은 어려운 일이다. 그래서 살아가며 받는 스트레스를 잘 관리하는 智慧가 필요하다.

01 脫毛 탈모 (脫 벗을 탈 毛 털 모)

02 惡循環 악순환 (惡 악할 악 循 돌 순 環 고리 환)

03 皮膚科 피부과 (皮 가죽 피 膚 살갗 부 科 과목 과)

04 治療 치료 (治 다스릴 치 療 고칠 료)

05 手術 수술 (手 손 수 術 재주 술)

06 萬病 만병 (萬 일만 만 病 병 병)

07 根源 근원 (根 뿌리 근 源 근원 원)

08 智慧 지혜 (智 슬기 지 慧 슬기로울 혜)

PART 2

정신
건강

Mental
Well-being

오디오 듣기 🎧

나의 스트레스 해소법

How I Get Rid of Stress

 주제 토론 질문

01 What are some common causes of stress?
스트레스의 흔한 원인에는 무엇이 있나요?

02 Describe the effects of stress on a person's physical health.
스트레스가 한 사람의 신체 건강에 끼치는 영향에 대해 이야기해 보세요.

03 Can stress ever be beneficial? Explain how.
스트레스가 도움이 되는 경우가 있을까요? 어떻게 도움이 될지 설명해 보세요.

나의 스트레스 해소법

우리는 살아가면서 다양한 스트레스를 받는다. 그래서 각자만의 스트레스 해소법이 필요하다.

첫째, 악기를 연주하는 것은 좋은 스트레스 해소법이다. 악기를 연주하면 마음이 차분히 가라앉는다. 만약 다룰 수 있는 악기가 없다면, 음악을 듣는 것도 도움이 될 수 있다.

둘째, 잠을 자는 것도 좋은 방법이다. 수면은 마음을 재정비할 수 있게 해준다.

셋째, 맛있는 음식을 먹는 것도 스트레스를 줄일 수 있는 효과적인 방법이다. 하지만 너무 많이 먹으면 살이 쪄서 또 다른 스트레스의 요인이 될 수 있다. 그러니, 적당히 조절해서 먹는 게 좋다.

How I Get Rid of Stress

We all **get stressed out** for various reasons in our lives.
That's why we all need our own ways to **blow off steam**.

First, **playing musical instruments** is a good way to relieve
stress. Playing an instrument lets you **calm yourself down**.
If you don't know how to play an instrument, **listening to
some tunes** could also be helpful.

Second, **hitting the sack** is also a good way. Sleeping helps
to **reorganize your thoughts**.

Third, eating delicious food is also **an effective way to** relieve
stress. However, **overeating** could **lead to weight gain**,
adding another **source of stress**. So, it's better to **eat in
moderation**.

 주요 표현

- **get stressed out**
  스트레스를 받다

- **blow off steam**
  스트레스를 풀다

- **play a musical instrument**
  악기를 연주하다

- **calm oneself down**
  마음을 가라앉히다

- **listen to some tunes**
  음악을 듣다

- **hit the sack**
  잠자리에 들다, 잠을 자다

- **reorganize one's thoughts**
  마음을 재정비하다

- **an effective way to**
  ~하는 효과적인 방법

- **overeating**
  과식

- **lead to weight gain**
  체중 증가를 유발하다

- **source of stress**
  스트레스의 원인

- **eat in moderation**
  적당히 먹다

We **all** get st**ressed out** / for **va**rious **rea**sons in our **li**ves. /
That's why / we **all** need our **own** ways / to blow **off steam**.

First, / **play**ing **mu**sical **in**struments / is a **good** way to
re**lie**ve st**ress**. / **Play**ing an **in**strument / lets you **calm**
yourself **down**. / If you **don't** know / how to **play** an
instrument, / **lis**tening to some **tu**nes / could **al**so be **help**ful.

Second, / **hit**ting the **sack** / is **al**so a **good** way. / **Sleep**ing
helps to re**org**anize your **thoughts**.

Third, / **eat**ing de**li**cious **food** / is **al**so an ef**fec**tive way / to
re**lie**ve st**ress**. / How**e**ver, / over**eat**ing / could **lead** to **weight**
gain, / adding a**no**ther source of st**ress**. / **So**, / it's **bet**ter to
eat in mode**ra**tion.

01 **blow off steam** 스트레스를 풀다

- 각자만의 스트레스 해소법이 필요하다.
  We need our own way to **blow off steam**.
- 나는 가끔 스트레스를 풀기 위해 모바일 게임을 한다.
  I sometimes play mobile games to **blow off steam**.
- 스트레스를 푸는 방법은 제각각 다르다.
  Everyone **blows off steam** in different ways.

02 **hit the sack** 잠자리에 들다, 잠을 자다

- 잠을 자는 것도 좋은 방법이다.
  Hitting the sack is also a good way.
- 시간이 늦어서, 이제 자러 가야겠어요.
  It's late, so I should **hit the sack** now.
- 내일 아침을 일찍 시작해야 해서, 자러 가야 해요.
  I have an early morning tomorrow, so I need to **hit the sack**.

03 **eat in moderation** 적당히 먹다

- 적당히 조절해서 먹는 것이 좋다.
  It's better to **eat in moderation**.
- 체중 관리를 위해서, 적당히 먹어야 해요.
  To manage your weight, you should **eat in moderation**.
- 건강을 위해서 적당히 먹는 것이 중요해요.
  It's important to **eat in moderation** for good health.

A How do you usually **blow off steam**?

B My favorite way is to exercise.

A Oh, you like **working out**.

B Yes, I can **feel my stress melt away**
   when I **work up a sweat**.

A Good for you.

B Do you **work out** as well?

A 스트레스를 주로 어떻게 푸세요?

B 제가 가장 좋아하는 방법은 운동이요.

A 아, 운동을 좋아하시는군요.

B 네, 운동하며 땀을 빼면 스트레스가 풀리는 것이 느껴져요.

A 멋지네요.

B 당신도 혹시 운동하세요?

 주요 표현

- **blow off steam**
  스트레스를 풀다
- **work out**
  운동을 하다

- **feel one's stress melt away**
  스트레스가 풀리는 것을 느끼다
- **work up a sweat**
  운동으로 땀을 빼다

01 나는 스트레스를 풀기 위해 자전거 타는 것을 좋아한다.
(blow off steam)

....

02 하루 종일 일한 후에는 바로 자러 가고 싶다.
(hit the sack)

....

03 아들을 볼 때마다 스트레스가 풀리는 느낌이 든다.
(feel one's stress melt away)

....

04 계단을 이용하는 것만으로도 땀을 뺄 수 있다.
(work up a sweat)

....

 정답

01. I like to ride my bicycle to **blow off steam.**
02. After working all day, I just want to **hit the sack.**
03. I **feel my stress melt away** whenever I see my son.
04. You can **work up a sweat** just by taking the stairs.

우리는 살아가면서 다양한 스트레스를 받는다. 그래서 각자만의 스트레스 解消法이 필요하다.

첫째, 樂器를 연주하는 것은 좋은 스트레스 解消法이다. 樂器를 연주하면 마음이 차분히 가라앉는다. 만약 다룰 수 있는 樂器가 없다면, 音樂을 듣는 것도 도움이 될 수 있다.

둘째, 잠을 자는 것도 좋은 方法이다. 수면은 마음을 再整備할 수 있게 해 준다.

셋째, 맛있는 음식을 먹는 것도 스트레스를 줄일 수 있는 效果적인 方法이다. 하지만 너무 많이 먹으면 살이 쪄서 또 다른 스트레스의 요인이 될 수 있다. 그러니, 적당히 調節해서 먹는 게 좋다.

01 解消法 해소법 (解 풀 해 消 사라질 소 法 법 법)

02 樂器 악기 (樂 노래 악 器 그릇 기)

03 音樂 음악 (音 소리 음 樂 노래 악)

04 方法 방법 (方 모 방 法 법 법)

05 再整備 재정비 (再 다시 재 整 가지런할 정 備 갖출 비)

06 效果 효과 (效 본받을 효 果 열매 과)

07 調節 조절 (調 고를 조 節 마디 절)

오디오 듣기 🎧

아로마
테라피

Aromatherapy

💬 주제 토론 질문

01 Describe some smells that cause you to feel certain emotions.
특정 감정을 느끼게 하는 냄새에 대해 말해 보세요.

02 Among the five senses, which is the most important? Why do you feel that way?
오감 중에서 가장 중요한 것은 무엇인가요? 왜 그렇게 느끼나요?

03 Do you wear perfume? How do you choose which scent to wear?
향수를 사용하나요? 어떤 향을 뿌릴지 어떻게 선택하나요?

아로마테라피

최근 실내에서 심신을 안정시킬 수 있는 방법을 찾아보게 되었다. 그러던 중, 아로마테라피에 대해 배우게 되었다.

아로마테라피는 식물에서 추출된 에센셜 오일의 향과 약효를 이용한다. 몸과 마음을 회복시키는 자연적 치료 요법이다.

에센셜 오일은 마음을 진정시키고, 기분을 좋게 해 준다. 대표적으로 사용되는 오일에는 페퍼민트, 라벤더, 스윗 오렌지 등이 있다.

두통이 있을 때 페퍼민트 오일을 따뜻한 물에 한 방울 떨어뜨려 호흡하면 도움이 된다. 마사지를 할 때는 라벤더 오일을 사용하는 것도 좋다.

Aromatherapy

Recently, I looked for ways to **relax my body and mind** indoors. That's when I **came to learn about** aromatherapy.

Aromatherapy uses the **scents** and **medicinal effects** of essential oils **extracted from** plants. It is an **all-natural remedy** for **physical and mental recovery**.

Essential oils **have a calming effect** and can **lift your mood**. Peppermint, lavender and sweet orange are some of the major examples of these oils.

When you have a headache, it helps to add a drop of peppermint oil in warm water and **breathe in** the steam. Using lavender oil for massages is also good.

 **주요 표현**

- **relax one's body and mind**
  심신을 안정시키다
- **come to learn about**
  ~에 대해 알게 되다
- **scent**
  향
- **medicinal effect**
  약효
- **extracted from**
  ~에서 추출된

- **all-natural remedy**
  천연 치료법, 자연적 치료 요법
- **physical and mental recovery**
  몸과 마음의 회복
- **have a calming effect**
  진정시키는 효과가 있다
- **lift one's mood**
  기분을 좋게 해 주다
- **breathe in**
  숨을 들이쉬다

33

| 낭독 연습 |

⟋ 끊어 읽기   ◉ 강세 넣기

Recently, **/** I **look**ed for **ways /** to re**lax** my **bo**dy and
mind / in**doors**. **/ That's** when I **came** to **learn** about **/**
aroma**the**rapy.

Aroma**the**rapy **/ u**ses the **scents** and me**di**cinal ef**fects /** of
es**sen**tial **oils /** ex**tract**ed from **plants**. **/** It is an **all**-**na**tural
remedy **/** for **phy**sical and **men**tal re**covery**.

Es**sen**tial **oils /** have a **calm**ing ef**fect /** and can **lift** your
mood. **/ Pep**permint, **/** **la**vender **/** and **sweet** orange **/** are
some of the **ma**jor e**xam**ples **/** of these **oils**.

When you **have** a **head**ache, **/** it **helps** to add a **drop** of
peppermint oil **/** in **warm wa**ter **/** and breathe **in** the **steam**. **/**
U**sing** la**vender oil for mas**sages **/ is** al**so** good.

64   PART 02 | Mental Well-being

01 **medicinal effect** 약효

- 아로마테라피는 에센셜 오일의 약효를 이용한다.
  Aromatherapy uses the **medicinal effects** of essential oils.

- 그 차의 약효는 과학적으로 입증된 바가 없다.
  The **medicinal effects** of the tea haven't been scientifically proven.

- 사람들은 그것을 주로 맛보다는 약효 때문에 먹는다.
  People eat it for its **medicinal effects**, rather than its flavor.

02 **all-natural remedy** 천연 치료법, 자연적 치료 요법

- 아로마테라피는 자연적인 치료 요법이다.
  Aromatherapy is an **all-natural remedy**.

- 천연 치료법들 중에는 별로 효과가 없는 것들도 있다.
  Some **all-natural remedies** aren't very effective.

- 그녀는 여러 가지 잔병에 대한 천연 치료법을 알고 있다.
  She knows a lot of **all-natural remedies** for minor ailments.

03 **have a calming effect** 진정시키는 효과가 있다

- 에센셜 오일은 마음을 진정시키는 효과가 있다.
  Essential oils **have a calming effect**.

- 잔잔한 음악은 마음을 진정시키는 효과가 있다.
  Soothing music **has a calming effect**.

- 심호흡을 하는 것은 마음을 진정시키는 효과가 있을 수 있다.
  Taking deep breaths can **have a calming effect**.

A I am **suffering from** severe migraines these days.

B Are you? You should **check out** aromatherapy.

A Really?

B Whenever I **get a splitting headache**, it works right away.

A Oh, I see.

B I'll **send you a link** to buy the oils you'll need.

A 요즘 편두통이 심해서 고생하고 있어.

B 그래? 아로마테라피를 해 봐.

A 정말?

B 난 두통이 심할 때 그걸 하면 금방 괜찮아지더라고.

A 그랬구나.

B 필요한 오일을 구매할 수 있는 링크를 보내 줄게.

 주요 표현

- **suffer from**
  ~으로 고생하다, ~에 시달리다
- **check out**
  해 보다, 알아보다
- **get a splitting headache**
  심한 두통이 생기다
- **send someone a link**
  링크를 보내 주다

01 그 차는 맛도 좋고 약효까지 있다.
(medicinal effects)

....

02 때로는 천연 치료법이 약물보다 효과적일 수도 있다.
(all-natural remedy)

....

03 나는 지독한 감기로 고생하고 있다.
(suffer from)

....

04 나는 비행기만 타면 심한 두통이 생긴다.
(get a splitting headache)

....

 정답

01. The tea tastes great, and even has **medicinal effects**.
02. Sometimes, **all-natural remedies** are more effective than medicine.
03. I am **suffering from** a terrible cold.
04. I **get a splitting headache** whenever I get on a plane.

실생활 한자 익히기

최근 실내에서 心身을 安定시킬 수 있는 방법을 찾아보게 되었다. 그러던 중, 아로마테라피에 대해 배우게 되었다.

아로마테라피는 植物에서 추출된 에센셜 오일의 향과 藥效를 이용한다. 몸과 마음을 회복시키는 자연적 治療 요법이다.

에센셜 오일은 마음을 鎭靜시키고, 기분을 좋게 해 준다. 대표적으로 사용되는 오일에는 페퍼민트, 라벤더, 스윗 오렌지 등이 있다.

頭痛이 있을 때 페퍼민트 오일을 따뜻한 물에 한 방울 떨어뜨려 呼吸하면 도움이 된다. 마사지를 할 때는 라벤더 오일을 사용하는 것도 좋다.

01 心身 심신 (心 마음 심 身 몸 신)

02 安定 안정 (安 편안 안 定 정할 정)

03 植物 식물 (植 심을 식 物 물건 물)

04 藥效 약효 (藥 약 약 效 본받을 효)

05 治療 치료 (治 다스릴 치 療 고칠 료)

06 鎭靜 진정 (鎭 진압할 진 靜 고요할 정)

07 頭痛 두통 (頭 머리 두 痛 아플 통)

08 呼吸 호흡 (呼 부를 호 吸 마실 흡)

호흡의 중요성

The Importance of Breathing

💬 **주제 토론 질문**

01 **What do you do to calm yourself when you feel nervous or upset?**
긴장을 하거나 속상할 때, 본인을 차분하게 만들기 위해서 무엇을 하나요?

02 **Have you ever felt frustrated because of your family? How did you respond?**
가족 때문에 답답한 생각이 든 적 있나요? 어떻게 반응했나요?

03 **What are some common types of pain we experience? How can they be alleviated?**
우리가 살아가면서 경험하게 되는 통증들에는 어떤 것들이 있나요?
그 통증들이 어떻게 완화될 수 있을까요?

호흡의 중요성

호흡을 가다듬는 것만으로도 우리의 고통은 조절이 가능하다. 산모가 아기를 낳는 고통 속에서, 누군가 멘붕에 빠진 상황에서도, 주변에서 호흡을 잘해 보라고 한다.

4.2.4. 호흡법이라는 것이 있다. 4초간 숨을 들이마시고, 2초간 참고, 4초간 내뱉는 과정이다. 이를 통해 뇌가 평정심을 되찾는다. 나도 이러한 호흡법을 실천해 보니, 스트레스가 완화되는 느낌을 받았다.

이 밖에도 다양한 호흡법들이 있다. 당신에게 맞는 방법을 찾으면 유용할 수 있다. 당신이 힘든 상황에 놓일 때 도움이 될 수 있다.

The Importance of Breathing

Simply **catching your breath** can **help deal with pain**.
When mothers experience **the excruciating pain of labor**,
or when someone **falls into a panic**, they are often advised
to keep breathing.

There is something called the 4.2.4. **breathing technique**.
It is **inhaling** for 4 seconds, **holding your breath** for 2 seconds,
and **exhaling** for 4 seconds. By doing this, the brain can
regain its composure. I tried out this breathing technique
myself, and I felt **a sense of stress relief**.

There are various other breathing techniques besides this
one. It may be useful to find a method that **suits you well**.
It may help you **in challenging situations**.

 주요 표현

- **catch one's breath**
  호흡을 가다듬다, 숨을 고르다
- **help deal with pain**
  통증 완화에 도움이 되다
- **the excruciating pain of labor**
  출산의 극심한 고통
- **fall into a panic**
  멘붕 상태에 빠지다
- **breathing technique**
  호흡법
- **inhale**
  숨을 들이쉬다

- **hold one's breath**
  숨을 참다
- **exhale**
  숨을 내쉬다
- **regain one's composure**
  평정심을 되찾다
- **a sense of stress relief**
  스트레스가 해소되는 느낌
- **suit someone well**
  ~에게 잘 맞다
- **in challenging situations**
  힘든 상황 속에서

Simply **cat**ching your **breath** / can **help deal** with **pain**. /
When **mo**thers ex**pe**rience / the ex**cru**ciating **pain** of **la**bor, /
or when someone **falls** into a **pa**nic, / they are **of**ten ad**vi**sed /
to **keep brea**thing.

There is **some**thing called / the **4.2.4. brea**thing tech**ni**que. /
It is in**ha**ling for **4** seconds, / **hold**ing your **breath** for **2** seconds, /
and ex**ha**ling for **4** seconds. / By **do**ing this, / the **brain** can
re**gain** its com**po**sure. / I tried **out** this **brea**thing tech**ni**que
my**self**, / and I **felt** a **sense** of st**ress** re**lief**.

There are **va**rious other **brea**thing tech**ni**ques / be**si**des **this**
one. / It may be **use**ful / to **find** a **meth**od / that **suits** you
well. / It may **help** you / in **chal**lenging situ**a**tions.

01 catch one's breath 호흡을 가다듬다, 숨을 고르다

• 호흡을 가다듬는 것만으로도 고통은 조절이 가능해진다.
  Simply **catching your breath** can help deal with pain.

• 나는 숨을 고를 시간조차 없었다.
  I didn't even have time to **catch my breath**.

• 나는 호흡을 가다듬기 위해 잠시 바깥에 서 있었다.
  I stood outside for a moment to **catch my breath**.

02 fall into a panic 멘붕 상태에 빠지다

• 누군가 멘붕에 빠진 상황이면 주변에서 호흡을 이어 가라고 한다.
  When someone **falls into a panic**, they are often advised to keep breathing.

• 작은 실수 하나로 너무 멘붕에 빠지지 마라.
  Don't **fall into a panic** just because of a little mistake.

• 멘붕에 빠지지 않고 평정심을 유지하는 것이 중요하다.
  It's important to stay calm and not **fall into a panic**.

03 regain one's composure 평정심을 되찾다

• 올바른 호흡을 통해 뇌가 평정심을 되찾을 수 있다.
  By breathing properly, the brain can **regain its composure**.

• 나는 속상했지만, 이내 평정심을 되찾았다.
  I was upset, but I soon **regained my composure**.

• 그는 평정심을 되찾기 위해 시간이 필요했다.
  He needed some time to **regain his composure**.

A They say that breathing properly **does wonders**.

B Really?

A Yes. People often tell you to **take deep breaths** when you're nervous.

B Yeah, I do hear that a lot.

A There are also various other **breathing methods**.

B I'll have to **look them up**.

A 호흡만 잘해도 큰 도움이 된다고 해요.

B 그래요?

A 네, 흔히들 긴장될 때 심호흡을 해 보라고 하잖아요.

B 맞아요. 그런 말을 많이 듣긴 듣죠.

A 그 밖에도 여러 호흡법이 있어요.

B 한번 찾아봐야겠네요.

 **주요 표현**

- **do wonders**
  큰 효과를 발휘하다
- **take a deep breath**
  심호흡을 하다

- **breathing method**
  호흡법
- **look something up**
  알아보다, 조사하다

01 나는 숨을 고르려고 잠시 멈췄다.
(**catch one's breath**)

....

02 그녀가 전화를 받지 않아서 나는 멘붕에 빠졌다.
(**fall into a panic**)

....

03 심호흡을 하면 평정심을 되찾는 데 도움이 된다.
(**regain one's composure**)

....

04 나는 긴장이 될 때마다 심호흡을 한다.
(**take a deep breath**)

....

 정답

01. I stopped for a moment to **catch my breath**.
02. I **fell into a panic** when she did not pick up.
03. Taking deep breaths can help you **regain your composure**.
04. Whenever I get nervous, I **take deep breaths**.

실생활 한자 익히기

呼吸을 가다듬는 것만으로도 우리의 苦痛은 조절이 가능하다. 産母
가 아기를 낳는 苦痛 속에서, 누군가 멘붕에 빠진 狀況에서도, 주변
에서 呼吸을 잘해 보라고 한다.

4.2.4. 呼吸법이라는 것이 있다. 4초간 숨을 들이마시고, 2초간 참고,
4초간 내뱉는 과정이다. 이를 통해 뇌가 平靜心을 되찾는다. 나도 이
러한 呼吸법을 實踐해 보니, 스트레스가 緩和되는 느낌을 받았다.

이 밖에도 다양한 呼吸법들이 있다. 당신에게 맞는 방법을 찾으면
有用할 수 있다. 당신이 힘든 狀況에 놓일 때 도움이 될 수 있다.

01 呼吸 호흡 (呼 부를 호 吸 마실 흡)
02 苦痛 고통 (苦 쓸 고 痛 아플 통)
03 産母 산모 (産 낳을 산 母 어머니 모)
04 狀況 상황 (狀 형상 상 況 상황 황)
05 平靜心 평정심 (平 평평할 평 靜 고요할 정 心 마음 심)
06 實踐 실천 (實 열매 실 踐 밟을 천)
07 緩和 완화 (緩 느릴 완 和 화할 화)
08 有用 유용 (有 있을 유 用 쓸 용)

오디오 듣기 🎧

감사 일기 쓰기

Writing Gratitude Journals

💬 주제 토론 질문

01 What are you thankful for so far this year?
올해 들어 지금까지 고마운 일들에는 어떤 것들이 있나요?

02 Why do we focus so much on what we don't have?
우리는 왜 우리 자신이 가지고 있지 않은 것들에 이리 집착을 하는 것일까요?

03 List some of the advantages of keeping a diary or a journal.
일기나 일지를 쓰는 것의 장점들을 나열해 보세요.

DAY 41

감사 일기 쓰기

저는 올해 초부터 감사 일기를 쓰기 시작했습니다. 행복의 중요 조건 중 하나가 '기쁨에 민감해지는 것'이라는 얘기를 들은 적이 있습니다. 그 이후부터 감사할 일들을 일기에 쓰기 시작했습니다.

아침 출근길에 감사한 일들에 대해 간단히 메모를 합니다. 처음에는 조금 어색했습니다. 그러나 매일 아침 감사할 일을 찾다 보니 삶이 많이 달라졌습니다.

무엇보다, 어떤 것도 '당연한 것'은 없다고 느꼈습니다. 그리고 주어진 환경에 기뻐할 줄 알아야 한다는 것을 느꼈습니다. 감사 일기를 쓰며, 저는 조금 더 행복한 사람이 되었습니다.

DAY
42

Writing Gratitude Journals

I have been keeping a **gratitude journal** since the beginning of the year. I heard that one of the **important conditions for** happiness is to **become sensitive to** joy. So, I started **writing down** the things I **am grateful for** in my journal.

On my way to work in the morning, I **write simple notes** about the things I **am thankful for**. It **was a little awkward at first**. But as I looked for things to be grateful for every morning, my life changed a lot.

Above all, I realized that nothing should **be taken for granted**. I also felt that I should be happy with **where I am right now**. Writing in this gratitude journal has made me a happier person.

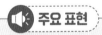 주요 표현

- **gratitude journal**
  감사 일기
- **important conditions for**
  ~의 중요한 조건
- **become sensitive to**
  ~에 민감해지다
- **write down**
  글로 적다
- **be grateful for**
  ~을 감사하게 여기다
- **on one's way to work**
  출근길에

- **write a simple note**
  간단한 메모를 쓰다
- **be thankful for**
  ~을 고맙게 여기다
- **be a little awkward**
  조금 어색하다
- **at first**
  처음에는
- **be taken for granted**
  당연하게 여겨지다
- **where one is right now**
  현재 주어진 환경

| 낭독 연습 |

(✓) 끊어 읽기   (◉) 강세 넣기

I have been **keep**ing a **gra**titude journal **/** since the be**gin**ning of the **year**. **/** I **heard** that **/ one** of the im**por**tant con**di**tions for **hap**piness **/** is to be**come sen**sitive to **joy**. **/** So, **/** I **start**ed writing **down** the **things /** I am **grate**ful for **/** in my **jour**nal.

On my **way** to **work** in the **mor**ning, **/** I **write** simple **notes /** about the **things** I am **thank**ful for. **/** It was a little **awk**ward at **first**. **/** But as I **look**ed for **things /** to be **grate**ful for **e**very **mor**ning, **/** my **life chan**ged a lot.

Above **all**, **/** I **re**alized that **/ not**hing should be **ta**ken for **grant**ed. **/** I also **felt** that **/** I should be **hap**py **/** with **where** I **am right** now. **/ Wri**ting in this **gra**titude journal **/** has **ma**de me a **hap**pier **per**son.

01 things one is grateful for 감사할 것들

- 나는 감사한 일들을 글로 기록하기 시작했다.
  I started writing down the **things I am grateful for**.
- 나는 가끔 아들과 함께 감사한 일들에 대해 이야기를 나눈다.
  I sometimes talk with my son about the **things we are grateful for**.
- 우리는 감사해야 할 것들을 너무 쉽게 망각한다.
  We forget the **things we are grateful for** too easily.

02 be a little awkward 조금 어색하다

- 처음에는 조금 어색했다.
  It **was a little awkward** at first.
- 처음 만나는 사람들과 대화하는 것은 약간 어색할 수 있다.
  It could **be a little awkward** talking to people you've just met.
- 새로운 사람을 만나는 것은 약간 어색할 수 있다.
  Meeting new people might **be a little awkward**.

03 be taken for granted 당연하게 여겨지다

- 어떤 것도 당연하게 여겨져서는 안 된다.
  Nothing should **be taken for granted**.
- 친구들과 가족들을 당연하게 생각해서는 안 된다.
  Your friends and family should not **be taken for granted**.
- 우리가 누리는 자유를 종종 당연하게 여기는 경우가 있다.
  Our freedom can sometimes **be taken for granted**.

A I've been **feeling low on motivation** lately.

B Oh, really?

A Yes, sometimes I even **feel depressed**.

B Why don't you try writing a gratitude journal?

A A gratitude journal? What's that?

B In the journal, **Write down** the **things you are grateful for** every day.

A 요즘 조금 의욕이 떨어지네요.

B 아, 그래요?

A 네, 우울한 마음이 생길 때도 있어요.

B 감사 일기를 써 보면 어떨까요?

A 감사 일기요? 그게 뭐예요?

B 감사 일기에 감사한 일들을 매일 쓰세요.

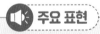 **주요 표현**

- **feel low on motivation**
  의욕이 나지 않다
- **feel depressed**
  우울하다

- **write down**
  글로 적다
- **things one is grateful for**
  감사할 것들

01 나의 양호한 건강은 내가 감사하게 생각하는 것 중 하나다.
(things one is grateful for)

....

02 일하는 사람들의 노력이 당연하게 여겨지면 그들은 의욕을 잃게 된다.
(be taken for granted)

....

03 나는 월요일에 보통 의욕이 잘 나지 않는다.
(feel low on motivation)

....

04 나는 마음이 우울할 때마다, 감사한 것들이 무엇인지 기억해 보려고 한다.
(feel depressed)

....

 정답

01. My good health is one of the **things I am grateful for**.
02. Workers lose motivation when their efforts **are taken for granted**.
03. I always **feel low on motivation** on Mondays.
04. Whenever I **feel depressed**, I try to remember what I am thankful for.

실생활 한자 익히기

저는 올해 초부터 感謝 日記를 쓰기 시작했습니다. 幸福의 중요
條件 중 하나가 '기쁨에 敏感해지는 것'이라는 얘기를 들은 적이 있
습니다. 그 이후부터 感謝할 일들을 日記에 쓰기 시작했습니다.

아침 出勤길에 感謝한 일들에 대해 간단히 메모를 합니다. 처음에는
조금 어색했습니다. 그러나 매일 아침 感謝할 일을 찾다 보니 삶이
많이 달라졌습니다.

무엇보다, 어떤 것도 '당연한 것'은 없다고 느꼈습니다. 그리고 주어진
環境에 기뻐할 줄 알아야 한다는 것을 느꼈습니다. 感謝 日記를 쓰
며, 저는 조금 더 幸福한 사람이 되었습니다.

01 感謝 감사 (感 느낄 감 謝 사례할 사)

02 日記 일기 (日 날 일 記 기록할 기)

03 幸福 행복 (幸 다행 행 福 복 복)

04 條件 조건 (條 가지 조 件 물건 건)

05 敏感 민감 (敏 민첩할 민 感 느낄 감)

06 出勤 출근 (出 날 출 勤 부지런할 근)

07 環境 환경 (環 고리 환 境 지경 경)

오디오 듣기 🎧

미니멀리즘

Minimalism

💬 주제 토론 질문

01 **How do you decide which items to keep, and which ones to throw away?**
물품들 중에 버릴 물건들과 그러지 않을 물건들을 어떻게 결정하나요?

02 **Do you own any items that you rarely use? Why do you hold on to them?**
가지고 있는 물건들 중에 거의 사용하지 않는 것들이 있나요? 왜 가지고 있나요?

03 **Describe how a minimalist lifestyle can affect your mental state.**
미니멀리스트 라이프 스타일이 당신의 정신 상태에 어떤 영향을 끼칠 수 있는지 설명해 주세요.

미니멀리즘

우연히 한 책을 통해 '미니멀리즘'이라는 개념을 접하게 되었습니다.

저자는 최소한의 물건들만 소유하며 생활했습니다. 당장 필요 없는 물건들을 짊어지고 있기보다, 현재에 집중하면서 살았습니다. 그것이 인상 깊어서 저도 조금씩 실천해 보고 있습니다.

미니멀리즘이란 단순히 물건의 개수를 적게 소유하는 것이 아닙니다. 나자신에게 무엇이 얼마나 가치 있는가를 스스로 판단하고, 취하거나 버리는 것을 의미합니다. 그렇게 함으로써 삶에서 진정으로 가치 있다고 생각하는 것에 집중할 수 있습니다.

미니멀리즘은 인간관계, 커리어, 돈 등 인생의 다른 많은 부분에도 적용이 가능합니다.

DAY

47

Minimalism

I **came across the concept of** 'minimalism' in a book.

The author lived with **only the essentials**. Rather than **burdening himself with** things he didn't need, he was **living in the moment**. I **was deeply impressed** by the idea, so I am trying to **put it into practice** in my own life.

Minimalism **isn't just about** owning fewer **possessions**. It's about keeping or discarding things based on **how important they are to** you. That way, you can focus on **things that really matter** in life.

Minimalism can also **be widely applied** to many aspects of life, including relationships, career, and money.

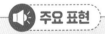 주요 표현

- **come across the concept of**
  ~의 개념을 우연히 접하다
- **only the essentials**
  꼭 필요한 것들만
- **burden oneself with**
  ~을 짊어지다
- **live in the moment**
  현재에 집중하다
- **be deeply impressed**
  깊은 인상을 받다
- **put it into practice**
  실천에 옮기다

- **be not just about**
  ~만이 전부가 아니다
- **possessions**
  소유물
- **how important something is to**
  ~에게 얼마나 중요한지, 가치 있는지
- **things that really matter**
  정말 중요한 것들
- **be widely applied**
  폭넓게 적용되다

| 낭독 연습 |

끊어 읽기　 강세 넣기

I came a**cross** the **con**cept of 'mi**nimalism'** / in a **book**.

The au**thor** / **li**ved with **on**ly the es**sen**tials. / **Ra**ther than **bur**dening himself / with **things** he **didn't need**, / he was **li**ving in the **mo**ment. / I was **deep**ly im**press**ed / by the i**dea**, / so I am **try**ing to **put** it into **prac**tice / in my **own life**.

Minimalism / **isn't** just about owning **few**er pos**ses**sions. / It's about **keep**ing / or dis**card**ing things / **ba**sed on how im**por**tant they **are** to you. / **That** way, / you can **fo**cus on **things** / that **real**ly **mat**ter in **life**.

Minimalism / can **al**so be **wi**dely ap**pli**ed / to **ma**ny as**pects** of **life**, / including re**la**tionships, / ca**reer**, / and **mo**ney.

01 live in the moment 현재에 집중하다

- 현재에 집중하면서 사는 것이 인상 깊었다.
  I was impressed by the idea of **living in the moment**.
- 아이를 낳는 것은 내가 현재에 집중하며 사는 방법을 가르쳐 주었다.
  Having a kid taught me how to **live in the moment**.
- 자꾸 과거를 회상하는 것보다 현재에 집중하는 것이 낫다.
  It's better to **live in the moment** than to keep thinking about the past.

02 put it into practice 실천에 옮기다

- 내 삶에 적용해 보려고 노력하고 있다.
  I am trying to **put it into practice** in my own life.
- 많은 것을 배웠으니 실제 상황에 적용해 보세요.
  Since you've learned many things **put them into practice** in real-life situations.
- 계획을 세운 후에는 그 계획을 실제로 실천해 보세요.
  After making a plan, make sure to **put it into practice**.

03 things that really matter 정말 중요한 것들

- 인생에서 정말 중요한 것들에 집중할 수 있다.
  You can focus on **things that really matter** in life.
- 가족과 친구들과의 관계가 정말 중요한 것들이다.
  Relationships with family and friends are **things that really matter**.
- 당신의 꿈을 추구하는 것이 진정으로 중요한 것 중 하나이다.
  Pursuing your dreams is one of the **things that really matter**.

A Wow, your house looks so tidy now.

B I **took the plunge** and **got rid of** things I don't need.

A Really? Was there **a particular reason**?

B I learned about minimalism and wanted to **give it a try**.

A Ah, I think I've heard of that.

B Yes, it's becoming more popular.

A 어머, 집이 완전히 깔끔해졌네.

B 필요 없는 물건들을 과감히 정리했어.

A 정말? 무슨 특별한 계기가 있었던 거야?

B 미니멀리즘에 대해 배웠는데 그걸 한번 실천해 보고 싶어서.

A 아, 들어 본 거 같아.

B 응. 점점 인기를 얻고 있어.

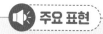 주요 표현

· **take the plunge**
큰 마음 먹고 실행하다

· **get rid of**
~을 처분하다

· **a particular reason**
특별한 계기, 이유

· **give it a try**
해 보다

01 현재에 집중하며 사는 것이 좋은 해법일 수 있다.
(live in the moment)

....

02 그걸 실제로 실천에 옮기는 것은 그다지 쉬운 일은 아니다.
(put it into practice)

....

03 당신에게 정말 중요한 것이 무엇인지를 항상 기억하세요.
(things that really matter)

....

04 나는 1년 이상 사용하지 않은 물건은 전부 내다 버린다.
(get rid of)

....

 정답

01. **Living in the moment** can be a good solution.
02. It's not that easy to **put it into practice**.
03. Always remember the **things that really matter** to you.
04. I **get rid of** anything I haven't used for over a year.

우연히 한 책을 통해 '미니멀리즘'이라는 槪念을 접하게 되었습니다.

著者는 最小限의 물건들만 所有하며 생활했습니다. 당장 필요 없는 물건들을 짊어지고 있기보다, 現在에 集中하면서 살았습니다. 그것이 인상 깊어서 저도 조금씩 실천해 보고 있습니다.

미니멀리즘이란 단순히 물건의 개수를 적게 所有하는 것이 아닙니다. 나 자신에게 무엇이 얼마나 價値 있는가를 스스로 판단하고, 취하거나 버리는 것을 의미합니다. 그렇게 함으로써 삶에서 진정으로 價値 있다고 생각하는 것에 集中할 수 있습니다.

미니멀리즘은 인간관계, 커리어, 돈 등 인생의 다른 많은 부분에도 適用이 가능합니다.

01 槪念 개념 (槪 대개 개 念 생각 념)

02 著者 저자 (著 나타날 저 者 사람 자)

03 最小限 최소한 (最 가장 최 小 작을 소 限 한할 한)

04 所有 소유 (所 바 소 有 있을 유)

05 現在 현재 (現 나타날 현 在 있을 재)

06 集中 집중 (集 모을 집 中 가운데 중)

07 價値 가치 (價 값 가 値 값 치)

08 適用 적용 (適 맞을 적 用 쓸 용)

TOPIC 11

오디오 듣기 🎧

번아웃
증후군

Burnout Syndrome

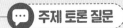

💬 주제 토론 질문

01 **What is the primary source of stress in your life? How do you deal with it?**
살면서 인생의 주된 스트레스 원인은 무엇인가요? 그것에 어떻게 대처하나요?

02 **What are some things that we can do to prevent getting burned out?**
번아웃을 예방하기 위해서 우리가 할 수 있는 것들에는 무엇이 있을까요?

03 **Describe your dream job in detail. Why would it be your dream job?**
당신이 생각하는 꿈의 직업에 대해 상세히 설명해 주세요. 그 이유는 무엇인가요?

번아웃 증후군

누구나 살면서 한 번쯤은 번아웃을 경험한다. 보통 번아웃 증후군은 만성 스트레스에 장기간 노출되어, 정신적 에너지 소모가 많을 때 나타난다.

번아웃이 오면 일단 모든 일이 하기 싫어지고 무기력해진다. 업무 능률이 급격히 저하된다. 또한, 짜증도 쉽게 나며, 부정적인 감정만 차오른다.

사실 나도 작년 여름에 번아웃을 겪었다. 모든 일이 재미없어졌다. 꾸준히 하던 영어 공부도 뒤로 미루게 되었다. 마음을 다시 잡고 해 보려고 했지만, 매번 좌절하며 자기혐오가 반복되었다. 결국, 동기부여 전문가들의 영상을 참고하며, 조금씩 극복해서 이겨 냈다.

Burnout Syndrome

Everyone **gets burned out** at some point. **Burnout syndrome** generally occurs when someone **consumes a lot of mental energy** because they **are exposed to chronic stress**.

When people are burned out, they **become lethargic** and don't want to do anything. Their **job performance** goes down drastically. They also become **bad-tempered** and are filled with negative thoughts.

Last summer, I **experienced it first-hand**. Nothing I did felt fun. I kept **putting off** my English studies that I had been so diligent about. I tried to **pull myself together**, but I failed each time, and **fell into self-loathing**. In the end, I recovered bit by bit by watching videos of motivation experts.

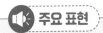 **주요 표현**

- **get burned out**
  번아웃을 경험하다, 지치다
- **burnout syndrome**
  번아웃 증후군
- **consume a lot of mental energy**
  정신적 에너지를 많이 소모하다
- **be exposed to chronic stress**
  만성 스트레스에 장기간 노출되다
- **become lethargic**
  무기력해지다
- **job performance**
  업무 능률, 성과
- **bad-tempered**
  쉽게 짜증을 내는
- **experience it first-hand**
  직접 경험하다
- **put off**
  미루다
- **pull oneself together**
  마음을 잡다, 정신을 차리다
- **fall into self-loathing**
  자기혐오에 빠지다

(/) 끊어 읽기   ( ) 강세 넣기

Everyone gets burned **out** / at **some** point. / **Burn**out **syn**drome **ge**nerally oc**curs** / when **some**one / con**su**mes a **lot** of **men**tal energy / because they are ex**po**sed to ch**ro**nic st**ress**.

When **peo**ple are burned **out**, / they be**come** le**thar**gic / and **don't** want to **do** anything. / Their **job** performance / goes **down dras**tically. / They **al**so be**come bad**-tempered / and are **fill**ed with / **ne**gative **thoughts**.

Last summer, / I ex**pe**rienced it **first**-hand. / **No**thing I did felt **fun**. / I **kept** putting **off** my **Eng**lish studies / that I had been **so di**ligent about. / I **tried** to **pull** myself to**ge**ther, / but I **fail**ed **each** time, / and **fell** into **self**-loathing. / In the **end**, / I re**co**vered **bit** by **bit** / by **watch**ing **vi**deos / of moti**va**tion **ex**perts.

01 be exposed to chronic stress
만성 스트레스에 장기간 노출되다

- 어떤 사람들은 만성 스트레스에 장기간 노출되어 있다.
  Some people **are exposed to chronic stress**.

- 만성 스트레스에 장기간 노출되면 위험할 수도 있다.
  Being exposed to chronic stress can be dangerous.

- 만성 스트레스에 장기간 노출되면 사람들은 짜증을 잘 낸다.
  People become irritable when they **are exposed to chronic stress**.

02 experience it first-hand 직접 경험하다

- 나도 작년 여름에 직접 겪어 봤다.
  Last summer, I **experienced it first-hand**.

- 내가 직접 경험하기 전까지는 네가 말하는 의미를 이해하지 못했었다.
  I didn't understand what you meant until I **experienced it first-hand**.

- 관련 내용을 읽어 본 적은 있지만, 직접 경험한 적은 없다.
  I've read about it, but I've never **experienced it first-hand**.

03 pull oneself together 마음을 잡다, 정신을 차리다

- 마음을 다시 잡고 해 보려고 했지만, 매번 좌절했다.
  I tried to **pull myself together**, but I failed each time.

- 친구들은 내가 마음을 다잡을 수 있도록 도왔다.
  My friends helped me **pull myself together**.

- 힘든 상황에서도 정신을 차려야 한다.
  Even in tough situations, you need to **pull yourself together**.

A I think I'm **getting burned out** these days.

B Really?

A Yes, I can't **pump myself up** to try anything.

B Getting burned out **isn't necessarily a bad thing**.

A Really? In what way?

B It's a sign that you are a **hard worker**.

A 요즘 번아웃이 온 것 같아요.

B 정말요?

A 네, 뭘 해 보고 싶은 의욕이 잘 나질 않아요.

B 번아웃이 꼭 나쁜 것만은 아니에요.

A 정말요? 어떤 면에서요?

B 그만큼 열심히 일한다는 징표일 수 있어요.

 주요 표현

- **get burned out**
  번아웃을 경험하다, 지치다
- **pump someone up**
  의욕을 불어넣다
- **be not necessarily a bad thing**
  반드시 나쁜 것만은 아니다
- **hard worker**
  열심히 일하는 사람

01 만성 스트레스에 장기간 노출되면, 우울감을 느끼는 사람도 있다.
(be exposed to chronic stress)

....

02 그것을 정말 이해하려면 직접 경험해 봐야 한다.
(experience it first-hand)

....

03 마음을 다잡아 보려고 했지만, 쉽지 않았다.
(pull oneself together)

....

04 결국은 열심히 하는 사람이 인생에서 성공한다.
(hard worker)

....

 정답

01. Some people become depressed when they **are exposed to chronic stress**.
02. You need to **experience it first-hand** to really understand it.
03. I tried to **pull myself together**, but it wasn't easy.
04. In the end, a **hard worker** becomes successful in life.

실생활 한자 익히기

누구나 살면서 한 번쯤은 번아웃을 經驗한다. 보통 번아웃 증후군은 만성 스트레스에 장기간 露出되어, 정신적 에너지 소모가 많을 때 나타난다.

번아웃이 오면 일단 모든 일이 하기 싫어지고 無氣力해진다. 업무 能率이 급격히 低下된다. 또한, 짜증도 쉽게 나며, 부정적인 감정만 차오른다.

사실 나도 작년 여름에 번아웃을 겪었다. 모든 일이 재미없어졌다. 꾸준히 하던 영어 공부도 뒤로 미루게 되었다. 마음을 다시 잡고 해 보려고 했지만, 매번 挫折하며 자기嫌惡가 반복되었다. 결국, 動機附與 전문가들의 영상을 참고하며, 조금씩 극복해서 이겨 냈다.

01 經驗 경험 (經 날 경 驗 시험 험)

02 露出 노출 (露 이슬 노 出 날 출)

03 無氣力 무기력 (無 없을 무 氣 기운 기 力 힘 력)

04 能率 능률 (能 능할 능 率 비율 률)

05 低下 저하 (低 낮을 저 下 아래 하)

06 挫折 좌절 (挫 꺾을 좌 折 꺾을 절)

07 嫌惡 혐오 (嫌 싫어할 혐 惡 미워할 오)

08 動機附與 동기부여 (動 움직일 동 機 틀 기 附 붙을 부 與 줄 여)

자기 계발과 오티움

Self-Improvement and Otium

💬 주제 토론 질문

01 What are some activities that you find rewarding? Why do you enjoy them?

당신이 보람을 느끼는 활동에는 어떠한 것들이 있나요? 그런 활동을 왜 즐기나요?

02 Which is more important: your work or your personal life?

일과 개인의 삶 중에 당신에게 더 중요한 것은 무엇인가요?

03 Why are meaningful hobbies becoming even more important these days?

의미가 있는 취미 생활이 예전에 비해 요즘 더 중요해지고 있는 이유는 무엇인가요?

자기 계발과 오티움

라틴어인 오티움(ótium)은 여가 활동을 가리키는 말이다. 예를 들자면, 글쓰기, 그림 그리기, 악기 연주 등이 이에 해당한다. 그러나 오티움의 깊이는 단순한 취미 이상이다. 가장 나다운 모습으로 살아 있는 시간을 뜻한다. 그리고 스스로를 충만하게 하는 활동이다.

오티움에 빠진 사람들은 순수하게 자신으로부터 기인한 동기에 의해 움직인다. 그들은 언제 어디서나 지식을 갈망한다.

그리고 자신을 행복하게 만드는 일이 무엇인지 깨닫는 것에 희열을 느낀다. 오티움에 꾸준히 몰두하다 보면 숙련의 단계에 이를 수도 있다. 이렇게 되면, 삶에 새로운 기회가 열리는 경우도 있다.

DAY
(57)

Self-Improvement and Otium

Otium is a Latin word that **refers to leisure activities**. Some examples can be writing, painting, or playing instruments. But its meaning goes beyond simple hobbies. It **refers to** times when you can **truly be yourself**. They are activities that make you **feel fulfilled**.

People who **immerse themselves in** otium act purely **of their own accord**. They **crave knowledge** no matter the time or place.

They **find joy in** learning what makes themselves happy. Consistently immersing yourself in otium can **build proficiency**. This could **present new opportunities** in life.

 주요 표현

- **refer to**
  ~을 지칭하다
- **leisure activity**
  여가 활동
- **truly be yourself**
  진정 나다운 모습을 하다
- **feel fulfilled**
  충만함·만족감을 느끼다
- **immerse oneself in**
  ~에 몰입하다

- **of one's own accord**
  자의에 의해
- **crave knowledge**
  지식을 갈망하다
- **find joy in**
  ~에 희열을 느끼다
- **build proficiency**
  숙련의 단계에 도달하다
- **present new opportunities**
  새로운 기회를 제공하다

⊘ 끊어 읽기   ○ 강세 넣기

Otium is a **La**tin word **/** that re**fers** to **lei**sure ac**ti**vities. **/**
Some e**xam**ples can be **wri**ting, **/ pain**ting, **/** or playing
instruments. **/** But its **mean**ing **/ go**es be**yond** simple
hobbies. **/** It re**fers** to **ti**mes **/** when you can **tru**ly be your**self**. **/**
They are ac**ti**vities **/** that **make** you feel ful**fill**ed.

People who im**mer**se themselves in **o**tium **/** act **pu**rely of
their **own** ac**cord**. **/** They **crave know**ledge **/** no **mat**ter the
time or **place**.

They **find joy /** in **learn**ing **what** makes themselves **hap**py. **/**
Con**sis**tently im**mer**sing yourself in **o**tium **/** can **build**
pro**fi**ciency. **/** This could pre**sent / new** oppor**tu**nities in **life**.

01 **immerse oneself in** ~에 몰입하다

- 오티움에 빠진 사람들은 더 행복한 경우가 많다.
  People who **immerse themselves in** otium are often happier.

- 나는 10대 때 판타지 소설에 한창 심취했었다.
  When I was a teenager, I **immersed myself in** fantasy novels.

- 내가 일에 몰입하기에 좋은 환경이다.
  It's a good environment to **immerse myself in** work.

02 **crave knowledge** 지식을 갈망하다

- 그들은 언제 어디서나 지식을 갈망한다.
  They **crave knowledge** no matter the time or place.

- 지식을 갈망하는 사람들은 끊임없이 배우고 성장한다.
  People who **crave knowledge** are constantly learning and growing.

- 호기심이 발동하면, 지식을 갈망하게 되는 경우가 많다.
  Being curious often leads to **craving knowledge**.

03 **present new opportunities** 새로운 기회를 제공하다

- 삶에 새로운 기회가 열리는 경우도 있다.
  This could **present new opportunities** in life.

- 건강을 개선하면 인생에 새로운 기회가 생기기도 한다.
  Improving your health can **present new opportunities** in life.

- 우리는 이사를 하면 새로운 기회가 생길 거라고 기대했다.
  We hoped that moving would **present new opportunities** to us.

DAY 60

| 대화문 |

A I **am really into** studying English these days.

B Really? It seems like you **are hard at work**.

A I'm posting what I studied each day on my Instagram.

B Yes, I saw that.

A I **had no idea** that studying English was so fun.

B Is it really that fun?

A 나 요즘 영어 공부가 너무 좋아.

B 그래? 열심히 하는 것 같더라.

A 매일 내가 공부한 것을 인스타에 인증하고 있어.

B 응. 봤어.

A 영어 공부가 이렇게 재미있는지 몰랐어.

B 정말 그렇게 재미있어?

 **주요 표현**

- **be really into**
  심취하다, 매우 좋아하다
- **be hard at work**
  열심히 일하다, 노력하다

- **have no idea**
  전혀 모르다

01 나는 학업에 몰두하고 싶었다.
(immerse oneself in)

....

02 새로운 학교로 전학을 가자 내게 새로운 기회들이 생겼다.
(present new opportunities)

....

03 심지어 점심시간에도 모두가 열심히 일에 열중하고 있었다.
(be hard at work)

....

04 나는 이 문제를 어떻게 해결해야 할지 전혀 모르겠다.
(have no idea)

....

 정답

01. I wanted to **immerse myself in** my studies.
02. Transferring to a new school **presented new opportunities** for me.
03. Everyone **was hard at work**, even at lunchtime.
04. I **have no idea** how to solve this problem.

실생활 한자 익히기

라틴어인 오티움(ótĭum)은 餘暇 활동을 가리키는 말이다. 예를 들자면, 글쓰기, 그림 그리기, 악기 연주 등이 이에 해당한다. 그러나 오티움의 깊이는 단순한 趣味 이상이다. 가장 나다운 모습으로 살아 있는 시간을 뜻한다. 그리고 스스로를 充滿하게 하는 활동이다.

오티움에 빠진 사람들은 순수하게 자신으로부터 기인한 動機에 의해 움직인다. 그들은 언제 어디서나 지식을 渴望한다.

그리고 자신을 행복하게 만드는 일이 무엇인지 깨닫는 것에 喜悅을 느낀다. 오티움에 꾸준히 沒頭하다 보면 숙련의 단계에 이를 수도 있다. 이렇게 되면, 삶에 새로운 機會가 열리는 경우도 있다.

01 餘暇 여가 (餘 남을 여 暇 틈 가)

02 趣味 취미 (趣 뜻 취 味 맛 미)

03 充滿 충만 (充 채울 충 滿 찰 만)

04 動機 동기 (動 움직일 동 機 틀 기)

05 渴望 갈망 (渴 목마를 갈 望 바랄 망)

06 喜悅 희열 (喜 기쁠 희 悅 기뻐할 열)

07 沒頭 몰두 (沒 빠질 몰 頭 머리 두)

08 機會 기회 (機 틀 기 會 모일 회)

TOPIC 13

오디오 듣기 🎧

멍때리기

Spacing Out

💬 **주제 토론 질문**

01 Why are things like campfires and ocean waves so soothing?
캠핑장의 모닥불이나 바닷가의 파도는 왜 우리 마음을 편안하게 해 줄까요?

02 Talk about the last time you spaced out. What was it like?
마지막으로 멍때린 경험에 대해 알려 주세요. 어땠나요?

03 What are the similarities and differences between meditating and spacing out?
명상을 하는 것과 멍때리는 것 사이에는 어떤 유사점과 차이점이 있나요?

멍때리기

나는 멍때리는 것을 좋아한다. 보통 멍때린다고 하면 아무 생각도 하지 않는 것을 의미한다. 그러나 나의 경우는 조금 다르다. 나는 멍때릴 때 이런저런 상상을 한다. 겉으로는 진짜 영혼이 없는 것 같아 보일 수도 있다.

무슨 생각을 하는지는 그때그때 다르다. 예를 들어, 내가 쓰고 싶은 소설의 줄거리를 생각하기도 한다.

현대인들은 뇌가 하루 종일 바쁘다. 쉴 때도 스마트폰을 계속 본다. 그렇게 끊임없이 들어오는 정보들로 실제로 뇌는 쉬지 못한다. 멍때리기는 이런 뇌에 휴식을 주는 좋은 방법이다.

Spacing Out

I like to **space out**. Normally, when people say they **space out**, it means they're not thinking about anything at all. But that's **not the case for** me. When I **space out**, I **daydream about** this and that. **On the outside**, it may look like I **am out of it**.

I think about different things each time. For example, I think about the **main storyline** of a novel I want to write.

A modern person's brain never gets to rest all day. We **stay glued to** our smartphones even when we **take a break**. The **constant stream of information** means our brains aren't resting at all. Spacing out is an effective way to let the brain **take five**.

 주요 표현

- **space out**
  멍때리다
- **not the case for**
  ~에는 해당되지 않는
- **daydream about**
  ~에 대해 상상하다, 공상에 빠지다
- **on the outside**
  겉으로는
- **be out of it**
  넋을 놓다, 아무런 생각도 하지 않다

- **main storyline**
  줄거리
- **stay glued to**
  ~에 눈을 떼지 못하다
- **take a break**
  휴식을 취하다
- **constant stream of information**
  끊임없이 유입되는 정보
- **take five**
  잠시 휴식을 취하다

I **like** to space **out**. **/ Nor**mally, **/** when **peo**ple say they space **out**, **/** it **means** they're **not think**ing about **/ a**nything at **all**. **/** But that's **not** the **case** for me. **/** When I space **out**, **/** I **day**dream about **this** and **that**. **/** On the **out**side, **/** it may **look** like **/** I am **out** of it.

I **think** about **dif**ferent things **/ each** time. **/** For e**xam**ple, **/** I **think** about the **main story**line **/** of a **no**vel **/** I want to **write**.

A **mo**dern person's **brain / ne**ver gets to **rest all** day. **/** We stay **glu**ed to our **smar**tphones **/ e**ven when we take a **break**. **/** The **con**stant stream of infor**ma**tion means **/** our **brains / a**ren't resting at **all**. **/** Spacing **out** is an ef**fec**tive way **/** to **let** the **brain** take **five**.

01 **daydream about** ~에 대해 상상하다, 공상에 빠지다

- 나는 멍때릴 때 이런저런 상상을 한다.
  When I space out, I **daydream about** this and that.
- 복권에 당첨되는 상상을 하는 것은 흔한 일이다.
  It's common to **daydream about** winning the lottery.
- 예전에는 유명 가수가 되는 상상에 빠지기도 했었다.
  I used to **daydream about** being a famous singer.

02 **be out of it** 넋을 놓다, 아무런 생각도 하지 않다

- 겉으로는 진짜 영혼이 없는 것 같이 보인다.
  On the outside, it may look like I **am out of it**.
- 너무 피곤해서 하루 종일 넋을 놓고 있었다.
  I was so tired that I **was out of it** all day.
- 넋을 놓고 있는 것처럼 보일 때에도 그는 사실 듣고 있다.
  Even when he seems to **be out of it**, he's listening.

03 **take five** 잠시 휴식을 취하다

- 멍때리기는 뇌가 잠시 휴식을 취할 수 있는 좋은 방법이다.
  Spacing out is an effective way to let the brain **take five**.
- 긴 작업을 한 후에는 잠시 휴식을 취하는 것이 좋다.
  It's good to **take five** after a long task.
- 다음 휴게소에서 잠시 휴식을 취하자.
  Let's **take five** at the next service area.

A The **evening commute** can **be a nightmare**, can't it?

B Yes, I do **get tired out**.

A Don't you **get some shuteye**?

B Sometimes I do, but mostly I just **clear my mind**.

A Oh, that's good, too.

B It's the only time I can **space out** like that.

A 퇴근길이 많이 고되죠?

B 네, 지치기는 해요.

A 눈 좀 붙이시지 않으세요?

B 그럴 때도 있기는 한데, 그냥 머릿속을 비우는 경우가 많아요.

A 아, 그것도 좋죠.

B 그때가 그렇게 멍때릴 수 있는 유일한 시간이에요.

 주요 표현

- **evening commute**
  퇴근길
- **be a nightmare**
  매우 힘들다
- **get tired out**
  지치다

- **get some shuteye**
  잠시 눈을 붙이다
- **clear one's mind**
  머릿속을 비우다
- **space out**
  멍때리다

01 커피를 마시지 못해서, 아침 내내 넋을 잃고 있었다.
(be out of it)

....

02 다들 잠시 쉬었다 하면 어떨까요?
(take five)

....

03 나는 매일 점심시간에 눈을 잠깐씩 붙이려고 한다.
(get some shuteye)

....

04 머릿속을 비우려고 산책하러 갔다.
(clear one's mind)

....

정답

01. I hadn't had any coffee, so I **was out of it** all morning.
02. Why don't we all **take five**?
03. I try to **get some shuteye** every day during lunchtime.
04. I went for a walk to **clear my mind**.

실생활 한자 익히기

나는 멍때리는 것을 좋아한다. 보통 멍때린다고 하면 아무 생각도 하지 않는 것을 意味한다. 그러나 나의 경우는 조금 다르다. 나는 멍때릴 때 이런저런 想像을 한다. 겉으로는 진짜 靈魂이 없는 것 같아 보일 수도 있다.

무슨 생각을 하는지는 그때그때 다르다. 예를 들어, 내가 쓰고 싶은 小說의 줄거리를 생각하기도 한다.

現代人들은 뇌가 하루 종일 바쁘다. 쉴 때도 스마트폰을 계속 본다. 그렇게 끊임없이 들어오는 情報들로 실제로 뇌는 쉬지 못한다. 멍때리기는 이런 뇌에 休息을 주는 좋은 方法이다.

01 意味 의미 (意 뜻 의 味 맛 미)

02 想像 상상 (想 생각 상 像 모양 상)

03 靈魂 영혼 (靈 신령 영 魂 넋 혼)

04 小說 소설 (小 작을 소 說 말씀 설)

05 現代人 현대인 (現 나타날 현 代 대신할 대 人 사람 인)

06 情報 정보 (情 뜻 정 報 갚을 보)

07 休息 휴식 (休 쉴 휴 息 쉴 식)

08 方法 방법 (方 모 방 法 법 법)

책 읽는 즐거움

The Joy of Reading

💬 주제 토론 질문

01 Why is reading considered beneficial?
독서가 유익하다고 여겨지는 이유는 무엇인가요?

02 What motivates you to read books?
당신이 독서하도록 동기부여를 해 주는 것은 무엇인가요?

03 What was the most memorable book you've read recently?
최근에 가장 인상 깊게 읽었던 책은 무엇인가요?

책 읽는 즐거움

나는 요즘 책 읽는 재미에 푹 빠져 있다. 어릴 때는 책을 읽고 독후감을 써 오라는 숙제가 가장 어렵게 느껴졌었다. 그런 것 때문인지 책을 읽는 것 자체에 관심이 없었다.

하지만 지금은 두 아이의 엄마가 되었다. 아이들과 함께 2주에 한 번씩 도서관에 간다. 거기서 신간을 빌려 본다. 때때로, 소장하고 싶은 책은 구매하기도 한다.

책을 통해서, 내가 알지 못했던 세상의 이야기를 접할 수 있다. 우리 아이들도 어릴 때부터 자연스럽게 책과 친해졌으면 좋겠다. 다양한 책을 통해, 아이들이 지혜로운 사람으로 성장해 주기를 바라는 마음이다.

The Joy of Reading

I **am deeply immersed in** the pleasure of reading books these days. When I was young, reading books and **writing book reports** for homework felt like **the most challenging tasks**. Maybe that's why I never really **took an interest in** reading at all.

But now, I have become a mother of two. I go to the library with my kids **every other week**. We **rent out** the **new releases** there. Sometimes, we purchase the books we want to keep.

Through books, I can experience stories from worlds that I was **not familiar with**. I hope my children will naturally **befriend** books **from an early age**. It is my hope that they **grow into wise adults** through various books.

 **주요 표현**

- **be deeply immersed in**
  ~에 푹 빠지다, 몰입하다
- **write a book report**
  독후감을 쓰다
- **the most challenging task**
  가장 어려운 일
- **take an interest in**
  ~에 관심을 갖다
- **every other week**
  2주마다, 격주로
- **rent out**
  대여하다

- **new release**
  신간
- **not familiar with**
  ~에 익숙하지 않은
- **befriend**
  친해지다
- **from an early age**
  어린 나이부터
- **grow into wise adults**
  지혜로운 성인으로 성장하다

/ 끊어 읽기 ● 강세 넣기

I am **deep**ly im**mer**sed **/** in the **plea**sure of reading **books these** days. **/** When I was **young**, **/** reading **books /** and writing **book** re**ports** for **home**work **/ felt** like the **most chal**lenging tasks. **/** Maybe **that's** why **/** I **ne**ver really **took** an **in**terest **/** in **read**ing at **all**.

But **now**, **/** I have be**come** a **mo**ther of **two**. **/** I **go** to the **li**brary with my **kids /** e**v**ery other **week**. **/** We rent **out /** the **new** re**lea**ses there. **/ Some**times, **/** we **pur**chase the **books /** we want to **keep**.

Through **books**, **/** I can ex**pe**rience **sto**ries from **worlds /** that I was **not** fa**mi**liar with. **/** I hope my **child**ren **/** will **na**turally be**friend** books **/** from an **ear**ly **age**. **/** It is my **hope** that **/** they **grow** into **wise** a**dults /** through **va**rious **books**.

01 take an interest in ~에 관심을 갖다

- 책 읽는 것에 관심을 가진 적이 전혀 없었다.
  I never really **took an interest in** reading at all.
- 아이들이 과학에 관심을 가지게 되면 좋겠다.
  I hope my kids will **take an interest in** science.
- 새로운 취미에 대해 관심을 가지기 시작했다.
  I've started to **take an interest in** a new hobby.

02 every other week 2주마다, 격주로

- 아이들과 함께 2주에 한 번씩 도서관에 간다.
  I go to the library with my kids **every other week**.
- 나는 격주로 엄마를 뵈러 간다.
  I visit my mom **every other week**.
- 우리는 함께 연습하기 위해 2주마다 만난다.
  We meet **every other week** to practice together.

03 not familiar with ~에 익숙하지 않은

- 내가 익숙하지 않은 세상 이야기를 경험할 수 있다.
  I can experience stories from worlds that I was **not familiar with**.
- 이 절차는 내가 잘 알지 못하는 부분이다.
  I'm **not familiar with** this procedure.
- 그의 업무 방식이 아직 익숙하지 않다.
  I'm **not familiar with** his way of working yet.

A What are all those books?

B I bought them. They are real **page-turners**.

A Oh, I see. You must **really be into** reading.

B I wasn't before. It's a hobby I picked up recently.

A Really?

B Yeah, this book was so fun that I **couldn't put it down**.

A 무슨 책들이에요?

B 제가 샀어요. 이 중에 정말 흥미진진한 책도 있어요.

A 아, 그렇군요. 책 읽는 것을 많이 좋아하시는 모양이네요.

B 예전에는 안 그랬어요. 최근에 생긴 취미예요.

A 그래요?

B 네, 이 책은 어찌나 재밌는지 내려놓을 수 없었어요.

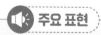 **주요 표현**

· **page-turner**
흥미진진한 책

· **really be into**
~을 매우 좋아하다

· **can't put it down**
내려놓을 수 없다

01 그는 최근에 음악에 관심을 가지기 시작했다.
(take an interest in)

....

02 나는 격주로 보고서를 작성해야 한다.
(every other week)

....

03 나는 이 새로운 소프트웨어에 아직 익숙하지 않다.
(not familiar with)

....

04 그 작가의 신간 서적이 아주 흥미진진하다.
(page-turner)

....

 정답

01. He has recently **taken an interest in** music.
02. I have to write a report **every other week**.
03. I'm **not familiar with** this new software yet.
04. The author's new novel is a **page-turner**.

실생활 한자 익히기

나는 요즘 책 읽는 재미에 푹 빠져 있다. 어릴 때는 책을 읽고 讀後感을 써 오라는 宿題가 가장 어렵게 느껴졌었다. 그런 것 때문인지 책을 읽는 것 自體에 關心이 없었다.

하지만 지금은 두 아이의 엄마가 되었다. 아이들과 함께 2주에 한 번씩 圖書館에 간다. 거기서 新刊을 빌려 본다. 때때로, 소장하고 싶은 책은 구매하기도 한다.

책을 통해서, 내가 알지 못했던 세상의 이야기를 접할 수 있다. 우리 아이들도 어릴 때부터 자연스럽게 책과 친해졌으면 좋겠다. 다양한 책을 통해, 아이들이 智慧로운 사람으로 成長해 주기를 바라는 마음이다.

01 讀後感 독후감 (讀 읽을 독 後 뒤 후 感 느낄 감)

02 宿題 숙제 (宿 잘 숙 題 제목 제)

03 自體 자체 (自 스스로 자 體 몸 체)

04 關心 관심 (關 관계할 관 心 마음 심)

05 圖書館 도서관 (圖 그림 도 書 글 서 館 집 관)

06 新刊 신간 (新 새 신 刊 새길 간)

07 智慧 지혜 (智 슬기 지 慧 슬기 혜)

08 成長 성장 (成 이룰 성 長 길 장)

PART 3

건강을 위한 취미

Activities for Well-being

TOPIC 15

오디오 듣기 🎧

운동으로 몸도 마음도 건강하게

Exercise for a Healthy Mind and Body

💬 주제 토론 질문

01 What is the most effective way to lose weight?
체중을 감량하는 가장 효과적인 방법은 무엇인가요?

02 What psychological and emotional benefits can exercise provide?
운동이 제공하는 심리적이고 정서적인 이점에는 무엇이 있을까요?

03 Describe some of the factors that can motivate someone to work out.
누군가가 운동을 할 수 있게 동기를 부여해 주는 요소들에는 무엇이 있을까요?

운동으로 몸도 마음도 건강하게

기존에 살던 집에서 제법 멀리 이사를 오게 되었습니다. 새로운 동네에서 외롭지 않도록, 헬스를 시작하게 되었습니다. 요즘 유행하는 바디 프로필 찍기에도 도전해 보기로 했어요.

저는 불규칙한 식사 습관으로 체지방률이 30퍼센트대까지 늘어난 상태 였습니다. 저는 4달 동안 하루도 빠짐없이 운동을 열심히 했습니다. 그리 고 먹는 것도 건강식으로 바꾸었습니다. 그랬더니, 근력은 높아지고, 체지 방률은 10퍼센트대까지 떨어지게 되었어요.

체중이 줄어드는데도, 오히려 체력은 좋아지고 있습니다. 매일매일 운동 으로 건강해지는 스스로의 모습에 즐거운 날들을 보내고 있습니다.

Exercise for a Healthy Mind and Body

I had to move quite far away from where I used to live.
In order to avoid feeling lonely in my new neighborhood,
I started to **work out at the gym**. I also decided to challenge
myself to the recent trend of **taking body profile pictures**.

My **body fat percentage** had increased to over 30 percent
due to my **irregular eating habits**. I worked out diligently
every single day for four months. Plus, I **switched to a
healthier diet**. As a result, my **muscle strength** increased
and my **body fat percentage** dropped to the teens.

I'm experiencing **improved stamina** even as I lose weight.
Witnessing my own transformation to **a healthier me**
through daily exercise **brings me a lot of joy** these days.

 주요 표현

- **work out at the gym**
  헬스장에서 운동하다
- **take body profile pictures**
  바디 프로필 사진을 찍다
- **body fat percentage**
  체지방률
- **irregular eating habits**
  불규칙한 식습관
- **every single day**
  하루도 빠짐없이

- **switch to a healthier diet**
  더 건강한 식단으로 바꾸다
- **muscle strength**
  근력
- **improved stamina**
  개선된 체력
- **a healthier me**
  보다 건강한 내 자신
- **bring someone a lot of joy**
  큰 기쁨을 주다

I had to **move quite** far a**way** / from where I **used** to **live**. /
In order to a**void** feeling **lone**ly / in my **new neigh**borhood, /
I **star**ted to work **out** / at the **gym**. / I also de**ci**ded to
challenge myself / to the **re**cent **trend** of / taking **bo**dy **pro**file
pictures.

My body **fat** per**cen**tage / had in**crea**sed to over **30** per**cent** /
due to my ir**re**gular **eat**ing habits. / I worked **out di**ligently /
every single **day** / for **four** months. / **Plus**, / I **swit**ched to a
healthier **diet**. / As a re**sult**, / my **mu**scle strength in**crea**sed /
and my body **fat** per**cen**tage / **drop**ped to the **teens**.

I'm ex**pe**riencing im**pro**ved **sta**mina / **e**ven as I **lose weight**. /
Witnessing my **own** transfor**ma**tion / to a **heal**thier me
through **dai**ly **ex**ercise / **brings** me a lot of **joy these** days.

01 **work out at the gym** 헬스장에서 운동하다

- 나는 헬스를 시작하게 되었다.
  I started to **work out at the gym**.
- 나는 헬스장에서 운동할 때 음악을 듣는다.
  I listen to music when I **work out at the gym**.
- 나는 일주일에 세 번씩 퇴근 후 헬스장에서 운동한다.
  I **work out at the gym** after work three times a week.

02 **every single day** 하루도 빠짐없이

- 하루도 빠짐없이 열심히 운동을 했다.
  I worked out diligently **every single day**.
- 하루도 빠짐없이 일찍 일어나기 시작했다.
  I started to wake up early **every single day**.
- 매일매일 꾸준히 연습하면 실력이 향상될 것이다.
  Practicing **every single day** will improve your skills.

03 **switch to a healthier diet** 더 건강한 식단으로 바꾸다

- 먹는 것을 건강식으로 바꾸었다.
  I **switched to a healthier diet**.
- 나는 정말 더 건강한 식단으로 바꿔야겠다.
  I really need to **switch to a healthier diet**.
- 내 아내는 내가 더 건강한 식단으로 바꾸도록 도왔다.
  My wife helped me **switch to a healthier diet**.

A You've been **working out really hard** lately.

B Yes, I **am really into** it now.

A You really seem fit.

B I've also **lost a lot of weight**, about 6kg!

A That's really impressive!

B Why don't you start working out too?

A 요즘 운동을 정말 열심히 하시네요.

B 네, 완전히 재미를 붙인 것 같아요.

A 정말 건강해 보이세요.

B 체중도 거의 6kg나 줄었어요!

A 대단하시네요!

B 당신도 운동을 시작해 보면 어때요?

 **주요 표현**

- **work out really hard**
  정말 열심히 운동하다
- **be really into**
  ~에 심취하다, 재미를 붙이다

- **lose a lot of weight**
  살이 많이 빠지다

01 나는 매주 최소 한 번씩 헬스장에서 운동을 하려고 한다.
(work out at the gym)

....

02 더 건강한 식단으로 바꾸면 피로감이 덜 느껴질 것이다.
(switch to a healthier diet)

....

03 이 TV시리즈에 정말 빠져 있는 상태라, 모든 시즌을 다 볼 거다.
(be really into)

....

04 나는 작년에 살이 많이 빠졌다가, 올해 다시 쪘다.
(lose a lot of weight)

....

 정답

실생활 한자 익히기

기존에 살던 집에서 제법 멀리 移徙를 오게 되었습니다. 새로운 동네에서 외롭지 않도록, 헬스를 시작하게 되었습니다. 요즘 流行하는 바디 프로필 찍기에도 挑戰해 보기로 했어요.

저는 불규칙한 식사 습관으로 體脂肪率이 30퍼센트대까지 늘어난 상태였습니다. 저는 4달 동안 하루도 빠짐없이 운동을 열심히 했습니다. 그리고 먹는 것도 健康食으로 바꾸었습니다. 그랬더니, 筋力은 높아지고, 體脂肪率은 10퍼센트대까지 떨어지게 되었어요.

體重이 줄어드는데도, 오히려 體力은 좋아지고 있습니다. 매일매일 운동으로 건강해지는 스스로의 모습에 즐거운 날들을 보내고 있습니다.

01 移徙 이사 (移 옮길 이 徙 옮길 사)

02 流行 유행 (流 흐를 유 行 다닐 행)

03 挑戰 도전 (挑 돋울 도 戰 싸울 전)

04 體脂肪率 체지방률 (體 몸 체 脂 기름 지 肪 살찔 방 率 비율 률)

05 健康食 건강식 (健 굳셀 건 康 편안 강 食 밥 식)

06 筋力 근력 (筋 힘줄 근 力 힘 력)

07 體重 체중 (體 몸 체 重 무거울 중)

08 體力 체력 (體 몸 체 力 힘 력)

등산

Hiking

01 Describe a time when you went hiking. How did it feel?
등산하러 갔던 경험에 대해 말해 주세요. 기분이 어땠나요?

02 Why do you think hiking is such a popular activity in Korea?
한국에서 등산의 인기는 왜 이리 높다고 생각하나요?

03 What are types of equipment you need to go hiking?
등산에 필요한 장비에는 어떤 것들이 있나요?

등산

등산이 새로운 트렌드로 더욱더 인기를 끌고 있다.

개인적으로, 나는 열심히 등산을 다닌 지 10년이 넘었다. 그러나 요즘처럼 젊은 사람들이 산을 많이 찾는 것은 처음 본다. 예전에는 40대면 등산 다니는 사람들 중에 가장 젊은 축에 속했다. 요즘에는 20대가 절반 이상인 것 같다.

대한민국은 국토의 70퍼센트 이상이 산으로 이루어져 있다. 이러한 나라에서, 등산은 운동을 하는 최고의 방법 중 하나이다. 특별한 장비나 비용 없이도 할 수 있다. 최근에는 지자체에서 각 산마다 등산로를 잘 정비해 놓았다.

DAY 77

| 영어 본문 |

Hiking

Hiking is **growing in popularity** as a new trend.

Personally, I have been an **avid hiker** for over ten years. But I have never seen so many young people in the mountains like these days. In the past, **people in their 40s** were the youngest hikers. But these days, more than half of all hikers are **twenty-somethings**.

Over 70 percent of Korea's land **consists of** mountains. In this country, hiking is one of the best ways to **get some exercise**. It does not require any **specialized equipment** or any money at all. These days, **local governments** have also **fixed up** the **hiking trails** in the mountains.

 주요 표현

- **grow in popularity**
  더욱 인기를 끌다
- **avid hiker**
  등산 애호가
- **people in their 40s**
  40대인 사람
- **twenty-something**
  20대인 사람
- **consist of~**
  ~으로 이루어져 있다

- **get some exercise**
  운동을 하다
- **specialized equipment**
  특수 장비
- **local government**
  지자체 정부
- **fix up**
  정비하다, 꾸미다
- **hiking trail**
  등산로

TOPIC 16 | Hiking   137

Hiking is **grow**ing in popu**la**rity / as a **new trend**.

Personally, / I have **been** an **a**vid **hi**ker / for over **ten** years. / But I have **ne**ver **seen** / **so** many **young** people in the **moun**tains / like **these** days. / In the **past**, / **peo**ple in their **40s** / were the **young**est **hi**kers. / But **these** days, / more than **half** of **all hi**kers / are **twen**ty-somethings.

Over **70** percent of Korea's **land** / con**sists** of **moun**tains. / In this **coun**try, / **hi**king is one of the **best ways** / to **get** some **ex**ercise. / It does **not** re**quire** any **spe**cialized e**quip**ment / or any **mo**ney at **all**. / **These** days, / **lo**cal **go**vernments / have **al**so fixed **up** the **hi**king trails / in the **moun**tains.

01 grow in popularity 더욱 인기를 끌다

- 등산이 새로운 트렌드로 더욱더 인기를 끌고 있다.
  Hiking is **growing in popularity** as a new trend.

- 건강식품의 인기가 점점 더 많아지고 있다.
  Health foods are **growing in popularity**.

- 이 새로운 앱은 최근에 더욱더 인기를 끌고 있다.
  This new app has been **growing in popularity** recently.

02 twenty-something 20대인 사람

- 요즘엔 등산객들 중 20대가 절반 이상인 것 같다.
  These days, more than half of all hikers are **twenty-somethings**.

- 20대 때 여행을 더 다닐 걸 그랬다.
  I wish I had traveled more when I was a **twenty-something**.

- 20대 때는 인생에서 무엇을 하고 싶은지 잘 몰랐다.
  I did not know what I wanted to do with my life when I was a **twenty-something**.

03 specialized equipment 특수 장비

- 등산을 갈 때 특수 장비가 필요하지는 않다.
  You do not need any **specialized equipment** to go hiking.

- 요즘은 별다른 특수 장비 없이도 훌륭한 사진을 찍을 수 있다.
  You don't need any **specialized equipment** to take good pictures these days.

- 이것을 고치려면 특수 장비가 필요하다.
  I need some **specialized equipment** to fix this.

A There are a lot of young hikers these days.

B That's right. It feels like **the average age of hikers** has become much lower.

A Hiking is a **healthy activity**, so I guess it's a good thing.

B For sure.

A I think it's **a change for the better**.

B I couldn't agree with you more.

A 요즘 젊은 등산객들이 많아진 것 같아요.

B 맞아요. 예전에 비해 등산 인구가 많이 젊어진 느낌이에요.

A 등산이 건강에도 참 좋으니, 긍정적인 현상이죠.

B 확실히 그래요.

A 좋은 변화라고 봅니다.

B 전적으로 동의해요.

 **주요 표현**

- **the average age of hikers**
  등산객들의 평균 연령
- **healthy activity**
  건강한 활동

- **a change for the better**
  좋은 방향의 변화

01 친환경 제품들이 요즘 더욱 인기를 끌고 있다.
(grow in popularity)

....

02 이 카페는 20대들에게 인기가 많다.
(twenty-something)

....

03 캠핑을 가기 위해서 특수 장비가 많이 필요한 것은 아니다.
(specialized equipment)

....

04 좋은 변화라 할지라도, 처음에는 힘들 수도 있다.
(a change for the better)

....

 정답

01. Eco-friendly products are **growing in popularity** these days.
02. This café is popular among **twenty-somethings**.
03. You don't need a lot of **specialized equipment** to go camping.
04. Even **a change for the better** can be difficult at first.

실생활 한자 익히기

登山이 새로운 트렌드로 더욱더 人氣를 끌고 있다.

개인적으로, 나는 열심히 登山을 다닌 지 10년이 넘었다. 그러나 요즘처럼 젊은 사람들이 산을 많이 찾는 것은 처음 본다. 예전에는 40대면 登山 다니는 사람들 중에 가장 젊은 축에 속했다. 요즘에는 20대가 折半 이상인 것 같다.

대한민국은 國土의 70퍼센트 이상이 산으로 이루어져 있다. 이러한 나라에서, 登山은 運動을 하는 최고의 방법 중 하나이다. 특별한 裝備나 費用 없이도 할 수 있다. 최근에는 地自體에서 각 산마다 登山로를 잘 정비해 놓았다.

01 登山 등산 (登 오를 등 山 메 산)

02 人氣 인기 (人 사람 인 氣 기운 기)

03 折半 절반 (折 꺾을 절 半 반 반)

04 國土 국토 (國 나라 국 土 흙 토)

05 運動 운동 (運 옮길 운 動 움직일 동)

06 裝備 장비 (裝 꾸밀 장 備 갖출 비)

07 費用 비용 (費 쓸 비 用 쓸 용)

08 地自體 지자체 (地 땅 지 自 스스로 자 體 몸 체)

오디오 듣기 🎧

필라테스

Pilates

주제 토론 질문

01 **How is yoga different from Pilates? How are they similar?**
요가와 필라테스는 어떻게 다른가요? 유사한 점은 뭐가 있을까요?

02 **What is your favorite way to exercise at home?**
집에서 운동하는 방법으로 어떤 것을 가장 좋아하나요?

03 **Why do you think Pilates has become so popular in Korea?**
한국에서 왜 필라테스의 인기가 많아졌다고 생각하나요?

필라테스

필라테스는 전신 근육을 단련하기 위해 만들어졌다. 몸의 코어를 강화하고 온몸의 균형을 추구한다. 다양한 동작을 결합하여 매트나 기구 위에서 수련을 한다. 신체의 스트레칭 능력과 혈액 순환의 개선 효과도 가져온다.

필라테스는 한국에서도 상당히 보편화되었다. 처음 필라테스를 시작한다면 단체 레슨보다는 개인 레슨이 더 좋을 수 있다. 기본적인 호흡법과 동작들을 더 효과적으로 익힐 수 있어서 그렇다.

요즘 나는 기구 필라테스를 하고 있다. 매트에서 하는 운동에 비해 재미있고, 운동 효과도 높은 것 같다.

Pilates

Pilates was created to train all the muscles of the body.
It **strengthens the core** and aims for **physical balance** of the
entire body. It combines various exercises, and participants
train on a mat or on **exercise equipment**. It also helps
improve the body's ability to stretch and enhance **blood
circulation**.

Pilates **has become widespread** in Korea. If you're just
getting started, it could be better to take **private lessons**
rather than **group sessions**. It's a more effective way to **get
the hang of** the basic **breathing methods** and exercises.

These days, I'm practicing **equipment-based Pilates**.
It's more fun than exercising on a mat, and it's a more **effective
workout**, too.

 주요 표현

- **strengthen the core**
  몸의 코어를 강화하다
- **physical balance**
  몸의 균형
- **exercise equipment**
  운동 기구
- **blood circulation**
  혈액 순환
- **have become widespread**
  보편화되다
- **private lesson**
  개인 레슨

- **group session**
  단체 레슨
- **get the hang of**
  ~에 익숙해지다, 감을 잡다
- **breathing method**
  호흡법
- **equipment-based Pilates**
  기구 필라테스
- **effective workout**
  효과적인 운동

Pilates was created / to train **all** the **mus**cles / of the **bo**dy. /
It **streng**thens the **core** / and **aims** for **phy**sical **ba**lance /
of the en**ti**re **bo**dy. / It com**bines va**rious exercises, / and
par**ti**cipants / **train** on a **mat** / or on e**xer**cise e**quip**ment. /
It also **helps** im**pro**ve / the body's a**bi**lity to st**ret**ch / and
en**han**ce **blood** circu**la**tion.

Pilates / has be**come wide**spread in Ko**rea**. / If you're **just**
getting **start**ed, / it could be **bet**ter / to take **pri**vate **les**sons /
rather than **group ses**sions. / It's a **more** ef**fec**tive way / to **get**
the **hang** of the **ba**sic **breath**ing methods / and e**xer**cises.

These days, / I'm **prac**ticing e**quip**ment-based Pi**la**tes. /
It's **more fun** / than e**xer**cising on a **mat**, / and it's a **more**
ef**fec**tive **work**out, too.

01 have become widespread 보편화되다

- 필라테스는 한국에서 보편화되었다.
  Pilates **has become widespread** in Korea.
- 원격 근무는 많은 기업들에서 보편화되었다.
  Remote work **has become widespread** in many companies.
- 온라인 쇼핑은 전 세계적으로 널리 확산되었다.
  Online shopping **has become widespread** globally.

02 get the hang of ~에 익숙해지다, 감을 잡다

- 기본적인 호흡법에 대한 감을 잡을 수 있다.
  You can **get the hang of** the basic breathing methods.
- 익숙해지려면 시간이 좀 걸린다.
  It takes a while to **get the hang of** it.
- 금방 감 잡으실 거예요.
  You will **get the hang of** it in no time.

03 effective workout 효과적인 운동

- 운동 효과가 더 뛰어난 것 같다.
  I think it's a more **effective workout**.
- 개인 트레이너들은 사람들이 효과적인 운동을 하게 도와준다.
  Personal trainers help people carry out **effective workouts**.
- 효과적인 운동은 시간이 너무 오래 걸릴 필요가 없다.
  An **effective workout** doesn't have to take too long.

A I need to start **working out** again.

B You should **give Pilates a try**. It's really great.

A Is it?

B Yes, I've been doing it for two months now.

A Really? Do you **get private lessons**?

B Yes. I **go twice a week** for lessons.

A 운동을 다시 시작해야겠어요.

B 필라테스를 시작해 보세요. 정말 좋아요.

A 그래요?

B 네, 저도 두 달째 하고 있어요.

A 정말요? 개인 레슨 받아요?

B 네, 일주일에 두 번씩 가서 레슨을 받아요.

 주요 표현

- **work out**
  운동하다
- **give something a try**
  해 보다
- **get private lessons**
  개인 레슨을 받다
- **go twice a week**
  매주 두 번씩 가다

01 소셜 미디어의 사용은 보편화되었다.
(have become widespread)

....

02 그가 익숙해질 때까지 내가 도와줬다.
(get the hang of)

....

03 이 기기 덕분에 나는 더 효과적인 운동을 할 수 있다.
(effective workout)

....

04 연습을 안 하면 개인 레슨을 받아도 도움이 안 된다.
(get private lessons)

....

 정답

01. The use of social media **has become widespread**.
02. I helped him until he **got the hang of** it.
03. I can get a more **effective workout** thanks to this device.
04. **Getting private lessons** won't help unless you practice.

필라테스는 전신 筋肉을 鍛鍊하기 위해 만들어졌다. 몸의 코어를 強化하고 온몸의 均衡을 추구한다. 다양한 동작을 결합하여 매트나 기구 위에서 修鍊을 한다. 신체의 스트레칭 능력과 血液 순환의 개선 效果도 가져온다.

필라테스는 한국에서도 상당히 普遍化되었다. 처음 필라테스를 시작한다면 단체 레슨보다는 개인 레슨이 더 좋을 수 있다. 기본적인 호흡법과 동작들을 더 效果적으로 익힐 수 있어서 그렇다.

요즘 나는 기구 필라테스를 하고 있다. 매트에서 하는 운동에 비해 재미있고, 운동 效果도 높은 것 같다.

01 筋肉 근육 (筋 힘줄 근 肉 고기 육)

02 鍛鍊 단련 (鍛 불릴 단 鍊 불릴 련)

03 強化 강화 (強 강할 강 化 될 화)

04 均衡 균형 (均 고를 균 衡 저울대 형)

05 修鍊 수련 (修 닦을 수 鍊 불릴 련)

06 血液 혈액 (血 피 혈 液 진 액)

07 效果 효과 (效 본받을 효 果 열매 과)

08 普遍化 보편화 (普 넓을 보 遍 두루 편 化 될 화)

오디오 듣기 🎧

수영이 좋은 이유

Why I Enjoy Swimming

💬 주제 토론 질문

01 **How did you first learn how to swim?**
수영을 어떻게 처음 배웠나요?

02 **Describe some safety rules you need to follow at a swimming pool.**
수영장에서 따라야 하는 안전 수칙에 대해 이야기해 주세요.

03 **Why is swimming such an effective workout?**
수영은 왜 그렇게 효과적인 운동법인가요?

DAY
86

수영이 좋은 이유

요즘 매주 수요일과 금요일 5시에 수영 레슨을 받는다. 수영장에 가기 귀찮은 날이 꽤 많기는 하다. 그러나 그만두면 아쉬움이 많이 남을까 봐 다니고 있다. 얼마 전까지만 해도, 수업에 늦어도 신경을 안 썼다. 그러나 요즘은 조금이라도 늦으면 마음이 콩닥거리고 걱정된다.

수영은 발차기부터 배운다. 그리고 나서 자유형, 배영, 평영, 접영 순서로 배운다. 나는 접영을 배우고 있다. 물론, 평영이 숨쉬기는 가장 편하고 쉽다고 생각한다.

수영을 하면 어깨와 다리에 근육이 생기고 튼튼해진다. 온몸이 더 건강해지는 느낌도 받는다.

DAY 87

Why I Enjoy Swimming

These days, I **take swimming lessons** every Wednesday and Friday at 5pm. There are many days when going to the pool **feels like a chore**. But I'm still taking lessons because I might **come to regret it** if I quit now. Until recently, I **didn't think much of** being late for lessons. But now, I **get all worked up** if I'm even a little late.

Swimming lessons begin with kicking. Then, you gradually **move on to** the **freestyle**, **backstroke**, **breaststroke**, and **butterfly**. I'm learning the **butterfly** stroke now. Of course, I think it's easiest to breathe while doing the **breaststroke**.

Swimming **develops muscles in** the shoulders and legs, and it makes you stronger. I also feel as if my **overall health** is improving.

 주요 표현

- **take swimming lessons**
  수영 강습을 받다
- **feel like a chore**
  귀찮게 느껴지다
- **come to regret it**
  후회하게 되다
- **not think much of**
  ~을 대수롭지 않게 생각하다
- **get all worked up**
  불안해지다, 감정이 고조되다
- **move on to**
  ~으로 넘어가다

- **freestyle**
  자유형
- **backstroke**
  배영
- **breaststroke**
  평영
- **butterfly**
  접영
- **develop muscles in**
  ~의 근육을 키우다
- **overall health**
  전반적인 건강 상태

These days, / I **take swim**ming **les**sons / every **Wed**nesday and **Fri**day at **5pm**. / There are **ma**ny **days** / when **go**ing to the **pool** / **feels** like a **chore**. / But I'm **still** taking **les**sons / because I might **come** to re**gret** it / if I **quit now**. / Until re**cent**ly, / I **did**n't think **much** / of being **late** for **les**sons. / But **now**, / I **get** all worked **up** / if I'm **e**ven a little **late**.

Swimming **les**sons / begin with **kick**ing. / **Then**, / you **gra**dually move **on** to the **free**style, / **back**stroke, / **breast**stroke, / and **but**terfly. / I'm **learn**ing the **but**terfly stroke now. / Of **course**, / I think it's **ea**siest to **breathe** / while **do**ing the **breast**stroke.

Swimming de**ve**lops **mus**cles / in the **should**ers and **legs**, / and it **makes** you **strong**er. / I **al**so **feel** as if / my **o**verall **health** is im**pro**ving.

01 **feel like a chore** 귀찮게 느껴지다

- 수영장에 가기 귀찮은 날이 많다.
  There are days when going to the pool **feels like a chore**.

- 취미가 귀찮게 느껴지기 시작하면, 차라리 그만두는 것이 낫다.
  If your hobby starts to **feel like a chore**, it's better to quit.

- 나는 요리하는 것이 귀찮게 느껴지지 않는다.
  Cooking never **feels like a chore** to me.

02 **get all worked up** 불안해지다, 감정이 고조되다

- 조금이라도 늦으면 걱정이 된다.
  I **get all worked up** if I'm even a little late.

- 그 작은 문제에 대해 너무 걱정하지 마세요.
  Don't **get all worked up** over a minor issue.

- 회의 중에 너무 감정적으로 격해지지 마세요.
  Try not to **get all worked up** during the meeting.

03 **develop muscles in** ~의 근육을 키우다

- 수영을 하면 다리에 근육이 생긴다.
  Swimming **develops muscles in** the legs.

- 이 운동은 코어의 근육을 키워 준다.
  This exercise will **develop muscles in** your core.

- 좋은 자세를 유지하려면 허리 근육을 키워야 한다.
  You need to **develop muscles in** your back for better posture.

A Your daughter is such a **skilled swimmer**!

B She loved the water **ever since she was little**.

A Oh, I see. How long has she been taking lessons?

B I think it's been about 4 years.

A How many **laps** does she **do**?

B I think she **does** ten **laps** in one session.

A 따님이 수영을 어쩜 저렇게 잘해요?

B 어렸을 때부터 물을 원체 좋아했어요.

A 아, 그렇군요. 레슨은 얼마나 받았어요?

B 한 4년 받은 거 같아요.

A (수영 레일을) 몇 번이나 왔다 갔다 하는 거예요?

B 레슨 한 세션마다 10번은 하는 거 같아요.

 **주요 표현**

- **skilled swimmer**
  수영 실력이 좋은 사람
- **do laps**
  (운동할 때) 왔다 갔다 왕복하다
- **ever since someone was little**
  어렸을 때부터

01 시간이 지나면서, 그 일이 귀찮게 느껴지기 시작했다.
(feel like a chore)

....

02 상황이 힘들어도 너무 감정적으로 반응하지 마세요.
(get all worked up)

....

03 부상을 방지하려면 다리 근육을 키워야 한다.
(develop muscles in)

....

04 어제는 몇 바퀴 돌았나요?
(do laps)

....

 정답

01. It began to **feel like a chore** after a while.
02. Even if the situation is tough, don't **get all worked up**.
03. You must **develop muscles in** your legs to avoid injuries.
04. How many **laps** did you **do** yesterday?

요즘 매주 수요일과 금요일 5시에 水泳 레슨을 받는다. 수영장에 가기 귀찮은 날이 꽤 많기는 하다. 그러나 그만두면 아쉬움이 많이 남을까 봐 다니고 있다. 얼마 전까지만 해도, 授業에 늦어도 神經을 안 썼다. 그러나 요즘은 조금이라도 늦으면 마음이 콩닥거리고 걱정된다.

水泳은 발차기부터 배운다. 그러고 나서 자유형, 背泳, 平泳, 蝶泳 順序로 배운다. 나는 접영을 배우고 있다. 물론, 平泳이 숨쉬기는 가장 편하고 쉽다고 생각한다.

水泳을 하면 어깨와 다리에 筋肉이 생기고 튼튼해진다. 온몸이 더 건강해지는 느낌도 받는다.

01 水泳 수영 (水 물 수 泳 헤엄칠 영)

02 授業 수업 (授 줄 수 業 업 업)

03 神經 신경 (神 귀신 신 經 날 경)

04 背泳 배영 (背 등 배 泳 헤엄칠 영)

05 平泳 평영 (平 평평할 평 泳 헤엄칠 영)

06 蝶泳 접영 (蝶 나비 접 泳 헤엄칠 영)

07 順序 순서 (順 순할 순 序 차례 서)

08 筋肉 근육 (筋 힘줄 근 肉 고기 육)

캘리그래피

Calligraphy

💬 주제 토론 질문

01 How is calligraphy different from ordinary writing?
캘리그래피는 일반 손글씨와 어떤 면에서 다른가요?

02 Do you have good handwriting or not?
당신은 손글씨를 잘 쓰는 편인가요?

03 With computers used so widely, is good handwriting still important?
컴퓨터가 널리 사용되는 요즘, 글씨를 잘 쓰는 것이 아직도 중요할까요?

캘리그래피

캘리그래피는 자신만의 개성과 매력 있는 글씨체로 글을 쓰는 것이다. 캘리그래피는 기분 전환에 도움이 된다. 이런 캘리그래피를 취미로 시작하는 사람이 많아지고 있다.

나는 요즘 캘리그래피를 자주 한다. 얼마 전 외할머니 댁에 갔을 때, 할머니의 캘리그래피 작품들을 보고 나도 시작하게 되었다. 그날 할머니와 함께 처음으로 해 보고, 그 이후로 빠져들게 된 것 같다.

문구점에 가면 캘리그래피 붓펜을 살 수 있다. 캘리그래피는 붓의 힘 조절이 가장 중요하다. 얇게 그리려면 붓에 약하게 힘을 주고, 두꺼운 글씨는 세게 힘을 줘야 한다.

DAY

92

Calligraphy

Calligraphy is the act of **writing by hand**, in a style that **shows off** your **unique charm**. It's a good way to **distract yourself**. More and more people are **picking up calligraphy as a hobby**.

I often practice calligraphy these days. I first **got into it** when I saw my grandmother's calligraphy at her place. I tried it **for the first time** with my grandmother that very day, and I have **been hooked** ever since.

At stationery stores, you can find **purpose-made** brush pens. In calligraphy, controlling the way you **apply pressure** is most important. You can **ease up** to draw thin lines, and **press down hard** for thicker ones.

 주요 표현

- **write by hand**
  손으로 쓰다
- **show off**
  뽐내다
- **unique charm**
  개성 있는 매력
- **distract oneself**
  기분 전환을 하다
- **pick up something as a hobby**
  취미로 ~을 하게 되다
- **get into it**
  시작하게 되다, 관심을 갖게 되다

- **for the first time**
  처음으로
- **be hooked**
  몰두하게 되다, 중독되다
- **purpose-made**
  전용으로 제작된
- **apply pressure**
  힘을 주다
- **ease up**
  힘을 빼다
- **press down hard**
  눌러서 힘을 많이 주다

| 낭독 연습 |

Calligraphy / is the **act** of **wri**ting by **hand**, / in a **style** / that shows **off** / your u**ni**que **charm**. / It's a **good** way / to dist**ract** yourself. / **More** and more **peo**ple / are picking **up** cal**li**graphy / as a **hob**by.

I **of**ten **prac**tice / cal**li**graphy **these** days. / I **first** got **in**to it / when I **saw** my **grand**mother's cal**li**graphy / at her **place**. / I **tried** it for the **first** time / with my **grand**mother / **that** very **day**, / and I have been **hook**ed / **ever** since.

At **sta**tionery stores, / you can **find pur**pose-made **brush** pens. / In cal**li**graphy, / cont**rol**ling the **way** you ap**ply pres**sure / is **most** im**por**tant. / You can ease **up** / to draw **thin** lines, / and press **down hard** / for **thick**er ones.

DAY 94

01 write by hand 손으로 쓰다

- 캘리그래피는 손으로 직접 글을 쓰는 행위이다.
  Calligraphy is the act of **writing by hand**.

- 나는 초대장들을 손글씨로 직접 썼다.
  I **wrote** the invitations **by hand**.

- 요즘 아이들이 손으로 뭔가를 쓰는 경우는 드물다.
  Kids these days rarely **write** anything **by hand**.

02 distract oneself 기분 전환을 하다

- 캘리그래피는 기분 전환에도 도움이 된다.
  Calligraphy is a good way to **distract yourself**.

- 나는 속이 상해서 뭔가 기분 전환할 거리가 필요했다.
  I was upset and I needed something to **distract myself**.

- 나는 기분 전환을 할 겸 만화책을 읽을 때가 있다.
  I sometimes read comic books to **distract myself**.

03 pick up something as a hobby
취미로 ~을 하게 되다

- 요즘 사람들이 캘리그래피를 취미로 시작하고 있다.
  People are **picking up calligraphy as a hobby** these days.

- 아들이 취미로 테니스를 배우면 좋겠다.
  I wish my son would **pick up tennis as a hobby**.

- 나는 최근에 요가를 취미 삼아 시작했다.
  I recently **picked up yoga as a hobby**.

A I'm **practicing calligraphy** these days.

B What's calligraphy?

A Oh, it's a form of art.
You **come up with** a **one-of-a-kind** font.

B Really?

A You can create various font styles using **writing utensils**.

B That must be useful for improving one's handwriting.

A 요즘 캘리그래피를 하고 있어.

B 캘리그래피가 뭐야?

A 아, 예술의 일종이야. 개성 있는 글씨체를 만들어 보는 거야.

B 그래?

A 필기도구로 다양한 서체를 만들 수 있어.

B 글씨체 교정에도 도움이 되겠네.

 주요 표현

- **practice calligraphy**
  캘리그래피를 하다
- **come up with**
  만들어 내다, 고안해 내다
- **one-of-a-kind**
  하나밖에 없는, 특별한
- **writing utensil**
  필기도구

01 나는 손으로 뭔가를 써 본 지 아주 오래됐다.
(write by hand)

....

02 기분 전환을 하려고 TV를 켰다.
(distract oneself)

....

03 나는 중학교 때 체스를 취미 삼아 하기 시작했다.
(pick up something as a hobby)

....

04 이건 세상에 하나밖에 없기 때문에, 내가 가장 아끼는 선물이다.
(one-of-a-kind)

....

 정답

01. It's been a long time since I **wrote** something **by hand**.
02. I turned on the TV to **distract myself**.
03. I **picked up chess as a hobby** when I was in middle school.
04. It's my favorite gift, because it's **one-of-a-kind**.

실생활 한자 익히기

캘리그래피는 자신만의 個性과 魅力 있는 글씨체로 글을 쓰는 것이다. 캘리그래피는 氣分 轉換에 도움이 된다. 이런 캘리그래피를 趣味로 시작하는 사람이 많아지고 있다.

나는 요즘 캘리그래피를 자주 한다. 얼마 전 외할머니 댁에 갔을 때, 할머니의 캘리그래피 作品들을 보고 나도 시작하게 되었다. 그날 할머니와 함께 처음으로 해 보고, 그 이후로 빠져들게 된 것 같다.

文具店에 가면 캘리그래피 붓펜을 살 수 있다. 캘리그래피는 붓의 힘 調節이 가장 중요하다. 얇게 그리려면 붓에 약하게 힘을 주고, 두꺼운 글씨는 세게 힘을 줘야 한다.

01 個性 개성 (個 낱 개 性 성품 성)
02 魅力 매력 (魅 매혹할 매 力 힘 력)
03 氣分 기분 (氣 기운 기 分 나눌 분)
04 轉換 전환 (轉 구를 전 換 바꿀 환)
05 趣味 취미 (趣 뜻 취 味 맛 미)
06 作品 작품 (作 지을 작 品 물건 품)
07 文具店 문구점 (文 글월 문 具 갖출 구 店 가게 점)
08 調節 조절 (調 고를 조 節 마디 절)

피아노 연습

Piano Practice

💬 주제 토론 질문

01 What instrument would you most like to learn?
가장 배우고 싶은 악기는 무엇인가요?

02 Describe how learning the piano can be beneficial.
피아노를 배우면 어떤 점이 유익한지 말해 보세요.

03 Why is learning an instrument more difficult as an adult?
성인이 되어서 악기를 배우면 왜 더 어려운가요?

피아노 연습

나는 어릴 때 3년간 피아노를 배웠다. 피아노 학원을 그만 다닌 이후로는 전혀 연습을 하지 않았다. 그래서 지금은 칠 수 있는 곡이 거의 없다. 그때 조금 더 참고 피아노를 칠 걸 그랬다는 생각이 든다.

우리 아들은 7살부터 지금까지 피아노를 치고 있다. 나와는 다르게 피아노를 질려 하지 않는다. 아들의 피아노 선생님은 나에게도 10분씩 레슨을 해 주신다. 그냥 무보수로 레슨을 해 주신다.

그래서 얼떨결에 피아노를 다시 치게 된 지 3년이 됐다. 3년 전에 비해 실력이 많이 늘었다는 것을 느낀다.

Piano Practice

I **took piano lessons** for 3 years when I was young. I **didn't practice at all** after **calling it quits** at the piano academy. So, I can no longer play any songs. I wish I had **kept at it** and practiced piano a little longer.

My son has played the piano since he was 7 years old. Unlike me, he hasn't **grown sick of** the piano. My son's piano teacher **throws in** 10-minute lessons for me, as well. She does it **free of charge**.

So, it's been 3 years since I **somehow came to** play the piano again. I feel like I have **noticeably improved** since then.

 주요 표현

- **take piano lessons**
  피아노 레슨을 받다
- **not practice at all**
  전혀 연습하지 않다
- **call it quits**
  그만두다, 포기하다
- **keep at it**
  견디어 내다, 계속하다
- **grow sick of**
  ~에 질리다

- **throw in**
  덤으로 제공하다
- **free of charge**
  무보수로
- **somehow come to**
  얼떨결에 ~하게 되다
- **noticeably improve**
  눈에 띄게 좋아지다, 늘다

I took piano lessons for **3** years / when I was **young**. / I **didn't** practice at **all** / after **call**ing it **quits** / at the piano a**ca**demy. / **So**, / I can **no** longer **play** any **songs**. / I **wish** I had kept **at** it / and **prac**ticed pi**a**no / a little **long**er.

My **son** has **play**ed the pi**a**no / since he was **7** years old. / Un**like** me, / he **hasn't** grown **sick** of the piano. / My **son's** pi**a**no teacher / throws **in 10**-minute **les**sons for me, as well. / She **does** it / **free** of **charge**.

So, / it's been **3** years / since I **some**how / **ca**me to **play** the pi**a**no again. / I **feel** like I have **no**ticeably im**prov**ed / **sin**ce then.

01 call it quits 그만두다, 포기하다

- 피아노 학원을 끊은 이후로는 전혀 연습을 하지 않았다.
  I didn't practice at all after **calling it quits** at the piano academy.

- 나는 너무 짜증이 나서 그냥 포기하고 싶었다.
  I was so frustrated that I wanted to **call it quits**.

- 그만두기 전에 조금만 더 생각을 해 봐.
  Think about it some more before you **call it quits**.

02 grow sick of ~에 질리다

- 그는 피아노를 질려 하지 않는다.
  He hasn't **grown sick of** the piano.

- 나는 곧 그 노래에 질려 버렸다.
  I soon **grew sick of** that song.

- 이 기분은 절대로 질리지 않을 것이다.
  I will never **grow sick of** this feeling.

03 noticeably improve 눈에 띄게 좋아지다, 늘다

- 그때에 비해 실력이 많이 늘었다는 것을 느낀다.
  I feel like I have **noticeably improved** since then.

- 그를 못 본 사이에 그는 눈에 띄게 실력이 늘었다.
  He has **noticeably improved** since I last saw him.

- 그녀의 상태가 눈에 띄게 좋아졌다.
  Her condition has **noticeably improved**.

A When did you learn to play the piano like that?

B I **took piano lessons** when I was little.

A Have you kept playing **all this time**?

B No, I **gave up on** it and **forgot everything I knew**.

A I see.

B Do you play any instruments?

A 피아노를 언제 이렇게 배우셨어요?

B 어렸을 때 레슨 받았어요.

A 그럼 그 이후로 꾸준히 연주하셨어요?

B 아니요. 한동안 안 쳐서 다 잊어버렸어요.

A 그렇군요.

B 다룰 줄 아는 악기 있으세요?

 **주요 표현**

· **take piano lessons**
  피아노 레슨을 받다

· **all this time**
  여태까지 긴 시간을

· **give up on**
  ~을 내려놓다, 포기하다

· **forget everything one knows**
  아는 것을 전부 잊어버리다

01 나는 너무 피곤해서 그냥 포기하고 싶었다.
(call it quits)

....

02 그는 금방 그 장난감에 흥미를 잃었다.
(grow sick of)

....

03 나는 레슨을 받기 시작한 이후로 눈에 띄게 실력이 좋아졌다.
(noticeably improve)

....

04 몇 달이 지나고 나는 기타 레슨을 그만두었다.
(give up on)

....

 정답

01. I was so tired that I wanted to **call it quits**.
02. He quickly **grew sick of** the toy.
03. I **noticeably improved** after I started getting lessons.
04. I **gave up on** the guitar lessons after a few months.

실생활 한자 익히기

나는 어릴 때 3년간 피아노를 배웠다. 피아노 學院을 그만 다닌 이후로는 전혀 練習을 하지 않았다. 그래서 지금은 칠 수 있는 曲이 거의 없다. 그때 조금 더 참고 피아노를 칠 걸 그랬다는 생각이 든다.

우리 아들은 7살부터 只今까지 피아노를 치고 있다. 나와는 다르게 피아노를 질려 하지 않는다. 아들의 피아노 先生님은 나에게도 10분씩 레슨을 해 주신다. 그냥 無報酬로 레슨을 해 주신다.

그래서 얼떨결에 피아노를 다시 치게 된 지 3년이 됐다. 3년 전에 비해 實力이 많이 늘었다는 것을 느낀다.

01 學院 학원 (學 배울 학 院 집 원)
02 練習 연습 (練 익힐 연 習 익힐 습)
03 曲 곡 (曲 굽을 곡)
04 只今 지금 (只 다만 지 今 이제 금)
05 先生 선생 (先 먼저 선 生 날 생)
06 無報酬 무보수 (無 없을 무 報 갚을 보 酬 갚을 수)
07 實力 실력 (實 열매 실 力 힘 력)

음악의 힘

The Power of Music

💬 주제 토론 질문

01 **Describe a time when listening to music made you feel better.**
음악을 듣고 기분이 좋아졌던 경험에 대해 이야기해 보세요.

02 **How has your taste in music evolved throughout your life?**
살면서 당신의 음악적 취향은 어떻게 달라졌나요?

03 **What type of music do you usually listen to these days?**
요즘은 주로 어떤 종류의 음악을 듣나요?

음악의 힘

저는 다룰 줄 아는 악기도 없고 노래도 못하는 음치입니다. 그래서 좋은 노래를 만드는 음악가들을 동경하고 존경합니다.

저는 음악을 들을 때 다양한 감정을 느낍니다. 음악은 저에게 용기를 주기도 하고 희망을 주기도 합니다. 저의 안식처이자 오랜 친구 같은 존재입니다. 그래서 음악은 정말 제 삶에 있어 아주 중요한 역할을 합니다.

저는 최근에 한 가수를 좋아하게 되었습니다. 예전에 제가 힘든 시기를 보낼 때 그 가수의 노래가 저에게 큰 위로가 되었습니다. 음악은 신비한 힘이 있는 것 같습니다. 잊고 있던 어느 시절을 떠올리게 해 줍니다.

The Power of Music

I can't play any instruments, and I **can't carry a tune**. That's why I **look up to** and respect musicians who create great songs.

When I listen to music, I **experience various emotions**. Music gives me courage and hope. It is my **resting place** and an **old friend**. That's why music **plays an important role** in my life.

I have recently **gotten into** a particular singer. Her music **gave me comfort** when I was **going through a tough time**. Music has **mysterious powers**. It **reminds me of past times** that I had forgotten.

 **주요 표현**

- **can't carry a tune**
  음치이다, 노래를 잘 못 부르다
- **look up to**
  ~을 동경하다, 존경하다
- **experience various emotions**
  다양한 감정을 느끼다
- **resting place**
  안식처
- **old friend**
  오랜 친구
- **play an important role**
  중요한 역할을 하다

- **get into**
  좋아하게 되다
- **give someone comfort**
  위로가 되어 주다
- **go through a tough time**
  힘든 시기를 보내다
- **mysterious powers**
  신비한 힘
- **remind someone of past times**
  옛 추억을 떠올리게 하다

⟨ / ⟩ 끊어 읽기   ⟨ ● ⟩ 강세 넣기

I **can't** play any **in**struments, **/** and I **can't** carry a **tune**. **/**
That's why I look **up** to **/** and res**pect** mu**si**cians **/** who cre**ate**
great songs.

When I **lis**ten to **mu**sic, **/** I ex**pe**rience **va**rious e**mo**tions. **/**
Music gives me **cou**rage **/** and **hope**. **/** It is my **rest**ing **place /**
and an **old fri**end. **/ That's** why **mu**sic **/** plays an im**port**ant
role in my **life**.

I have **re**cently **got**ten into **/** a par**ti**cular **sin**ger. **/** Her **mu**sic
gave me **com**fort **/** when I was **go**ing through a **tough** time. **/**
Music has mys**te**rious **po**wers. **/** It re**minds** me of **past** times **/**
that I had for**got**ten.

01 **can't carry a tune** 음치이다, 노래를 잘 못 부르다

- 나는 노래를 못하는 음치이다.
  I **can't carry a tune**.

- 나는 음악을 정말 좋아하지만, 음치이다.
  I love music, but I **can't carry a tune**.

- 그는 리듬감은 굉장히 좋은데, 음치이다.
  He has a great sense of rhythm, but he **can't carry a tune**.

02 **give someone comfort** 위로가 되어 주다

- 내가 슬플 때 그녀의 노래가 나에게 큰 위로가 되었다.
  Her music **gave me comfort** when I was sad.

- 내가 무슨 말을 해도 그녀에게 위안이 되지 않았다.
  Nothing I said could **give her comfort**.

- 내가 화가 나거나 슬플 때, 음악이 위로가 되어 준다.
  Music **gives me comfort** when I am angry or sad.

03 **go through a tough time** 힘든 시기를 보내다

- 나는 힘든 시기를 보내면서 그녀의 음악을 들었다.
  I listened to her music while I was **going through a tough time**.

- 내가 힘든 시기를 보내고 있을 때 그가 나를 도와줬다.
  He helped me when I was **going through a tough time**.

- 누구나 가끔씩은 힘든 시기를 보낸다.
  Everyone **goes through a tough time** occasionally.

A Do you listen to a lot of music?

B Sure. I **find solace in** music when I **feel blue**.

A Oh, I know what you mean.

B Music seems to have **mysterious powers**.

A I think so, too.

B I respect musicians who **come up with** great music.

A 음악을 많이 들으세요?

B 그럼요. 슬플 때 음악을 들으면 위로가 돼요.

A 아, 무슨 말인지 알아요.

B 음악에는 참 신기한 힘이 있어요.

A 저도 그렇게 생각해요.

B 좋은 음악을 만드는 음악인들을 존경해요.

 **주요 표현**

• **find solace in**
  ~으로 위로받다, 위안을 삼다
• **feel blue**
  우울하다, 슬프다

• **mysterious powers**
  신비한 힘
• **come up with**
  ~을 만들다, 고안해 내다

01 재능 있는 래퍼 중에는 음치인 사람도 있다.
(can't carry a tune)

....

02 내가 울적할 때, 우리 아들이 나를 위로해 줬다.
(give someone comfort)

....

03 나는 힘든 시기를 겪을 당시에 그녀에게 도움을 받았다.
(go through a tough time)

....

04 나는 우울할 때는 혼자 있는 것이 좋다.
(feel blue)

....

 정답

01. Some talented rappers **can't carry a tune**.
02. My son **gave me comfort** when I was feeling down.
03. I got some help from her when I was **going through a tough time**.
04. I prefer to be alone when I **feel blue**.

실생활 한자 익히기

저는 다룰 줄 아는 악기도 없고 노래도 못하는 音癡입니다. 그래서 좋은 노래를 만드는 음악가들을 憧憬하고 尊敬합니다.

저는 음악을 들을 때 다양한 감정을 느낍니다. 음악은 저에게 勇氣를 주기도 하고 希望을 주기도 합니다. 저의 안식처이자 오랜 친구 같은 存在입니다. 그래서 음악은 정말 제 삶에 있어 아주 중요한 역할을 합니다.

저는 최근에 한 가수를 좋아하게 되었습니다. 예전에 제가 힘든 시기를 보낼 때 그 가수의 노래가 저에게 큰 慰勞가 되었습니다. 음악은 신비한 힘이 있는 것 같습니다. 잊고 있던 어느 時節을 떠올리게 해 줍니다.

01 音癡 음치 (音 소리 음 癡 어리석을 치)

02 憧憬 동경 (憧 동경할 동 憬 깨달을 경)

03 尊敬 존경 (尊 높을 존 敬 공경 경)

04 勇氣 용기 (勇 날래 용 氣 기운 기)

05 希望 희망 (希 바랄 희 望 바랄 망)

06 存在 존재 (存 있을 존 在 있을 재)

07 慰勞 위로 (慰 위로할 위 勞 일할 로)

08 時節 시절 (時 때 시 節 마디 절)

PART 4

생활
습관

Lifestyle for
Well-being

생활 습관병

Lifestyle Diseases

💬 **주제 토론 질문**

01 What are some of your unhealthy lifestyle habits you would like to change?
건강에 좋지 않은 생활 습관 중 당신이 고치고 싶은 것은 무엇인가요?

02 Why do healthy lifestyle habits become more important as we get older?
나이가 들수록 건강한 생활 습관이 더욱 중요해지는 이유는 무엇인가요?

03 What is one unhealthy habit that you just can't change?
당신이 절대 바꿀 수 없는 해로운 습관 한 가지는 무엇인가요?

생활 습관병

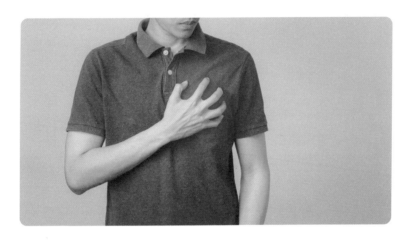

생활 습관병은 일상적인 생활 습관이 원인이 되는 만성 질환을 말합니다. 잘못된 식습관, 운동 부족, 음주 등이 주원인입니다.

짜고 고열량인 음식을 섭취하는 것은 고혈압, 고지혈증으로 이어질 수 있습니다. 과도한 스트레스, 흡연, 불규칙한 생활 습관 등도 문제를 유발할 수 있습니다.

그런데, 이러한 습관들은 의지를 다지면 바꿀 수 있습니다. 생활 습관병은 예방이 가능하기 때문에 일상적인 생활 습관 관리가 중요합니다.

저는 앉아서 근무하는 시간이 긴 편이라 운동이 부족합니다. 오늘부터라도 건강한 생활 습관이 몸에 배도록 노력해야겠습니다.

Lifestyle Diseases

Lifestyle diseases are **chronic conditions** caused by daily habits. They are mainly caused by **an unhealthy diet**, **lack of exercise**, or drinking.

Eating salty and high-calorie foods can lead to conditions like **hypertension** and high cholesterol. Excessive stress, smoking, and **irregular lifestyle habits** can also cause problems.

However, these habits can be changed by **strengthening one's will**. It's important to manage daily habits since lifestyle diseases are preventable.

I **spend a lot of time seated** at work, so I **don't get enough exercise**. I need to **make an effort** to **adopt a healthier lifestyle** starting today.

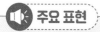 주요 표현

- **chronic condition**
  만성 질환
- **an unhealthy diet**
  잘못된 식습관
- **lack of exercise**
  운동 부족
- **hypertension**
  고혈압
- **irregular lifestyle habits**
  불규칙한 생활 습관

- **strengthen one's will**
  의지를 다지다
- **spend a lot of time seated**
  앉아서 보내는 시간이 많다
- **don't get enough exercise**
  운동이 부족하다
- **make an effort**
  노력하다
- **adopt a healthier lifestyle**
  더 건강한 생활 습관을 실천하다

Lifestyle diseases are chronic conditions / caused by daily habits. / They are mainly caused by / an unhealthy diet, / lack of exercise, / or drinking.

Eating salty and high-calorie foods / can lead to conditions like / hypertension and high cholesterol. / Excessive stress, / smoking, / and irregular lifestyle habits / can also cause problems.

However, / these habits can be changed / by strengthening one's will. / It's important to manage daily habits / since lifestyle diseases are preventable.

I spend a lot of time / seated at work, / so I don't get enough exercise. / I need to make an effort / to adopt a healthier lifestyle / starting today.

01 **chronic condition** 만성 질환

- 생활 습관병은 만성 질환이다.
  Lifestyle diseases are **chronic conditions**.

- 만성 질환은 지속적으로 치료가 필요한 경우가 많다.
  Chronic conditions often require ongoing treatment.

- 만성 질환을 관리하기 위해서는 많은 주의를 기울여야 한다.
  Managing a **chronic condition** requires a lot of attention.

02 **don't get enough exercise** 운동이 부족하다

- 나는 앉아서 근무하는 시간이 긴 편이라 운동이 부족하다.
  I spend a lot of time seated at work, so I **don't get enough exercise**.

- 직장인들 중에는 운동량이 부족한 사람들이 많다.
  Many office workers **don't get enough exercise**.

- 나는 운동이 부족해서 살이 많이 쪘다.
  I gained a lot of weight because I **didn't get enough exercise**.

03 **adopt a healthier lifestyle**
더 건강한 생활 습관을 실천하다

- 건강한 생활 습관이 몸에 배도록 노력해야겠다.
  I need to make an effort to **adopt a healthier lifestyle**.

- 딸이 태어난 이후 나는 더 건강한 생활 습관을 실천하려고 노력했다.
  I tried to **adopt a healthier lifestyle** after my daughter was born.

- 더 건강한 생활 습관을 한꺼번에 실천하기가 쉽지는 않다.
  It's not easy to **adopt a healthier lifestyle** all at once.

A   My shoulder bothers me every time I move it.

B   Is it **frozen shoulder**?

A   Yeah, I think so. I should **have it looked at**.

B   Do you exercise regularly?

A   Yes, but I think I might **have bad posture** when I am seated.

B   Age might be a factor, too.

A   요즘 어깨를 움직일 때마다 자꾸 아프네.

B   오십견 증상인가?

A   그럴 수도 있어. 병원 한번 가 봐야겠어.

B   운동은 꾸준히 해?

A   응, 하기는 하는데, 아무래도 앉아 있는 자세가 안 좋은 거 같아.

B   나이 탓도 있을 거야.

 **주요 표현**

· **frozen shoulder**
오십견

· **have it looked at**
병원 진료를 받아 보다

· **have bad posture**
자세가 좋지 않다

01 나는 요즘 운동을 충분히 하지 못하고 있다.
(not get enough exercise)

....

02 나이가 점점 많아지니, 나는 더 건강한 생활 습관을 실천해야 한다.
(adopt a healthier lifestyle)

....

03 비교적 젊은 사람도 오십견을 경험할 수 있다.
(frozen shoulder)

....

04 나는 고등학교 시절부터 자세가 좋지 않았다.
(have bad posture)

....

 정답

01. I am **not getting enough exercise** these days.
02. I am getting older, so I need to **adopt a healthier lifestyle**.
03. Even relatively young people can experience **frozen shoulder**.
04. I have **had bad posture** since I was in high school.

실생활 한자 익히기

생활 습관병은 일상적인 생활 습관이 원인이 되는 慢性 疾患을 말합니다. 잘못된 식습관, 운동 부족, 飮酒 등이 주원인입니다.

짜고 고열량인 음식을 섭취하는 것은 고혈압, 고지혈증으로 이어질 수 있습니다. 과도한 스트레스, 吸煙, 불규칙한 생활 습관 등도 문제를 유발할 수 있습니다.

그런데, 이러한 습관들은 意志를 다지면 바꿀 수 있습니다. 생활 습관병은 豫防이 가능하기 때문에 일상적인 생활 습관 관리가 중요합니다.

저는 앉아서 勤務하는 시간이 긴 편이라 운동이 부족합니다. 오늘부터라도 건강한 생활 습관이 몸에 배도록 努力해야겠습니다.

01 慢性 만성 (慢 거만할 만 性 성품 성)
02 疾患 질환 (疾 병 질 患 근심 환)
03 飮酒 음주 (飮 마실 음 酒 술 주)
04 吸煙 흡연 (吸 마실 흡 煙 연기 연)
05 意志 의지 (意 뜻 의 志 뜻 지)
06 豫防 예방 (豫 미리 예 防 막을 방)
07 勤務 근무 (勤 부지런할 근 務 힘쓸 무)
08 努力 노력 (努 힘쓸 노 力 힘 력)

편두통

Migraines

💬 주제 토론 질문

01 How is a migraine different from an ordinary headache?
편두통은 일반 두통에 비해 어떤 점이 다른가요?

02 Share some tips for preventing or alleviating headaches.
두통을 예방하거나 완화할 수 있는 팁을 공유해 주세요.

03 Describe a chronic condition you have. How do you manage it?
당신이 가지고 있는 만성 질환에 대해 이야기해 주세요. 어떻게 관리하나요?

편두통

몇 년 전, 나는 심한 편두통에 시달리고 있었다. 약을 먹기도 해 봤지만, 별로 효과가 없었다. 그러다 어느 날, 어쩌면 어깨 결림에서 오는 편두통 일지도 모른다고 생각했다.

그래서 어깨를 풀어 주려고 요가를 시작했다. 그랬더니 완전히는 아니지 만 편두통이 많이 좋아졌다. 편두통의 원인은 여러 가지가 있을 수 있다. 내 경우에는 어깨 결림이 주원인이었던 것 같다.

나는 앉은 채로 쉽게 할 수 있는 요가 자세 몇 가지를 반복해서 하고 있 다. 이러한 어깨 운동을 몇 시간 간격으로 가볍게 매일 한다. 다행히 지금 은 편두통이 거의 사라졌다.

DAY

112

| 영어 본문 |

Migraines

A few years ago, I was **suffering from severe migraines**.
I tried **taking medication**, but it **was no use**. Then one
day, I thought that the migraines could be caused by **stiff
shoulders**.

So, I started practicing yoga to **loosen up** my shoulders.
My migraines didn't go away completely, but it did **alleviate
the symptoms**. Various factors **act as triggers** for migraines.
In my case, the main cause was **shoulder tightness**.

I repeatedly practice **yoga poses** that I can easily do sitting
down. I do these **light shoulder exercises** daily, **every few
hours**. Thankfully, I rarely get migraines now.

 주요 표현

- **suffer from**
  ~에 시달리다
- **severe migraines**
  심판 편두통
- **take medication**
  약을 복용하다
- **be no use**
  소용이 없다
- **stiff shoulders**
  (=shoulder tightness) 어깨 결림
- **loosen up**
  (뭉친 것을) 풀어 주다

- **alleviate the symptoms**
  증상을 완화시키다
- **act as a trigger**
  유발 요인으로 작용하다
- **shoulder tightness**
  어깨 결림
- **yoga pose**
  요가 자세
- **light shoulder exercises**
  가벼운 어깨 운동
- **every few hours**
  몇 시간마다

A **few years** ago, / I was **suf**fering from / se**ve**re **mi**graines. /
I **tri**ed taking medi**ca**tion, / but it was **no use**. / Then **one** day, /
I **thought** that the **mi**graines / could be **cau**sed by **stiff**
shoulders.

So, / I **star**ted practicing **yo**ga / to loosen **up** my **shou**lders. /
My **mi**graines / **didn't** go a**way** com**ple**tely, / but it **did**
al**le**viate the **sym**ptoms. / **Va**rious **fac**tors act as **trig**gers /
for **mi**graines. / In **my** case, / the **main** cause was **should**er
tightness.

I re**pea**tedly practice **yo**ga poses / that I can **ea**sily **do** / sitting
down. / I **do** these light **should**er exercises **dai**ly, / **e**very few
hours. / **Thank**fully, / I **ra**rely get **mi**graines now.

01 alleviate the symptoms 증상을 완화시키다

- 요가를 하니 증상이 많이 좋아졌다.
  Practicing yoga **alleviated the symptoms**.
- 나는 증상을 완화시키기 위해 약을 복용했다.
  I took medication to **alleviate the symptoms**.
- 증상을 완화시키는 가장 좋은 방법은 휴식을 취하는 것이다.
  The best way to **alleviate the symptoms** is to rest.

02 act as a trigger 유발 요인으로 작용하다

- 편두통은 여러 가지 유발 요인이 있다.
  Various factors **act as triggers** for migraines.
- 스트레스는 두통을 유발한다.
  Stress **acts as a trigger** for headaches.
- 작은 문제도 유발 요인으로 작용할 수 있다.
  Even a minor problem can **act as a trigger**.

03 shoulder tightness 어깨 결림

- 어깨 결림에서 오는 편두통일 수 있다.
  The migraines could be caused by **shoulder tightness**.
- 어깨 결림을 예방하기 위해 나는 자주 일어나서 스트레칭을 한다.
  I stand up and stretch often to prevent **shoulder tightness**.
- 어깨 결림은 소화 불량으로 이어지기도 한다.
  Shoulder tightness can lead to indigestion.

A I keep getting **splitting headaches** these days.

B Are they migraines?

A I think so. I **take painkillers**, but they **don't do much good**.

B Go see a doctor.

A I'm thinking of doing that.

B Plus, why don't you try **getting some exercise**?

A 요즘 자주 머리가 쪼개질 것처럼 아파.

B 편두통이야?

A 그런 것 같아. 진통제를 먹어도 소용이 없어.

B 병원 가 봐.

A 그럴까 생각 중이야.

B 그리고 운동을 시작해 보는 것은 어때?

 **주요 표현**

- **splitting headache**
  심한 두통
- **take painkillers**
  진통제를 복용하다
- **don't do much good**
  별 효과가 없다
- **get some exercise**
  운동을 하다

01 쉬는 것만이 증상을 완화시킬 수 있는 유일한 방법이다.
(**alleviate the symptoms**)

....

02 나의 알레르기 증상은 먼지에 의해 유발된다.
(**act as a trigger**)

....

03 그 냄새 때문에 극심한 두통이 생겼다.
(**splitting headache**)

....

04 진통제를 너무 자주 복용하면 위험할 수 있다.
(**take painkillers**)

....

 정답

01. The only way to **alleviate the symptoms** is to rest.
02. Dust **acts as a trigger** for my allergies.
03. The smell gave me a **splitting headache**.
04. It can be dangerous to **take painkillers** too often.

실생활 한자 익히기

몇 년 전, 나는 심한 偏頭痛에 시달리고 있었다. 藥을 먹기도 해 봤지만, 별로 效果가 없었다. 그러다 어느 날, 어쩌면 어깨 결림에서 오는 偏頭痛일지도 모른다고 생각했다.

그래서 어깨를 풀어 주려고 요가를 시작했다. 그랬더니 완전히는 아니지만 偏頭痛이 많이 좋아졌다. 偏頭痛의 原因은 여러 가지가 있을 수 있다. 내 경우에는 어깨 결림이 주原因이었던 것 같다.

나는 앉은 채로 쉽게 할 수 있는 요가 姿勢 몇 가지를 反復해서 하고 있다. 이러한 어깨 운동을 몇 시간 間隔으로 가볍게 매일 한다. 다행히 지금은 偏頭痛이 거의 사라졌다.

01 偏頭痛 편두통 (偏 치우칠 편 頭 머리 두 痛 아플 통)

02 藥 약 (藥 약 약)

03 效果 효과 (效 본받을 효 果 실과 과)

04 原因 원인 (原 언덕 원 因 인할 인)

05 姿勢 자세 (姿 모양 자 勢 형세 세)

06 反復 반복 (反 돌이킬 반 復 회복할 복)

07 間隔 간격 (間 사이 간 隔 사이 뜰 격)

오디오 듣기 🎧

면역력 키우기

Strengthening the Immune System

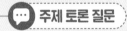

💬 주제 토론 질문

01 Do you take any nutritional supplements? What do you take, and why?
복용 중인 영양 보조제가 있나요? 어떤 것을 복용하며, 복용하는 이유는 무엇인가요?

02 Why has a stronger immune system become so important in recent years?
최근 몇 년간 튼튼한 면역력이 매우 중요해진 이유는 무엇인가요?

03 What are some common bad habits that can weaken one's immune system?
면역력을 저하하는 나쁜 생활 습관들에는 보통 어떤 것들이 있나요?

면역력 키우기

우리 몸의 면역력은 각종 감염으로부터 우리 몸을 보호하는 데 중요한 역할을 합니다. 올바른 식습관, 꾸준한 운동, 적당한 휴식 등으로 우리의 면역력을 높일 수 있습니다.

다만, 저는 먹는 것에서 큰 즐거움을 얻는 사람입니다. 그래서 건강한 음식을 챙겨 먹는 것이 오히려 괴로울 때가 있습니다. 그 대신, 저는 면역력에 좋은 비타민을 섭취하고 있습니다.

매일 충분한 숙면과 수분 섭취도 하고 있습니다. 그리고 몸에 좋지 않은 음식을 되도록 많이 안 먹으려고 노력도 하고 있습니다. 그러나 무엇보다도, 이 모든 것을 과도한 스트레스를 받지 않는 선에서 하고 있습니다.

Strengthening the Immune System

Our immune system **plays a key role in** protecting the body from various infections. **Healthy eating habits**, regular exercise, and proper rest can all help to **build up the immune system**.

However, I am a **foodie**, and I **take great pleasure in eating**. So, **eating healthy** sometimes feels difficult. So instead, I take **vitamin supplements** that are good for the immune system.

Also, I always **get plenty of sleep** and **stay hydrated**. I do my best to avoid less healthy foods. But most of all, I do all of this in a way that doesn't **cause undue stress**.

 주요 표현

- **play a key role in**
  ~에서 핵심 역할을 하다
- **healthy eating habits**
  건강한 식습관
- **build up the immune system**
  면역력을 높이다
- **foodie**
  미식가, 먹는 것을 좋아하는 사람
- **take great pleasure in eating**
  먹는 것에서 큰 즐거움을 얻다

- **eat healthy**
  건강한 식사를 하다
- **vitamin supplements**
  비타민 보충제
- **get plenty of sleep**
  충분한 수면을 취하다
- **stay hydrated**
  수분을 충분히 섭취하다
- **cause undue stress**
  과도한 스트레스를 유발하다

⊘ 끊어 읽기   ◉ 강세 넣기

Our im**mu**ne system / plays a **key role** / in pro**tect**ing the **bo**dy / from **va**rious in**fec**tions. / **Health**y **eat**ing habits, / **re**gular **ex**ercise, / and **pro**per **rest** / can **all help** to build **up** / the im**mu**ne system.

How**ev**er, / I am a **foo**die, / and I take **great plea**sure in **eat**ing. / **So**, / **eat**ing healthy / **some**times feels **dif**ficult. / So in**stead**, / I take **vi**tamin **sup**plements / that are **good** for the im**mu**ne system.

Also, / I **al**ways get **plen**ty of **sleep** / and **stay hy**drated. / I **do** my **best** / to a**void less** healthy **foods**. / But **most** of all, / I **do** all of **this** in a **way** / that **doesn't** cause un**due** st**ress**.

01 **play a key role in** ~에서 핵심 역할을 하다

- 면역력은 우리 몸을 보호하는 데 중요한 역할을 한다.
  The immune system **plays a key role in** protecting the body.
- 가격은 제품의 성공 여부를 결정짓는 데 큰 역할을 한다.
  The price **plays a key role in** a product's success.
- 내가 공학도가 되기로 결정하는 데 그의 영향이 컸다.
  He **played a key role in** my decision to become an engineer.

02 **take great pleasure in eating**
먹는 것에서 큰 즐거움을 얻다

- 나는 먹는 것에서 큰 즐거움을 얻는다.
  I **take great pleasure in eating**.
- 먹는 것에서 큰 즐거움을 얻는 사람들이 있다.
  There are people who **take great pleasure in eating**.
- 먹는 것에서 큰 즐거움을 얻는 사람이라고 반드시 살이 더 찌는 것은 아니다.
  People who **take great pleasure in eating** don't
  necessarily gain more weight.

03 **cause undue stress** 과도한 스트레스를 유발하다

- 그것을 과도한 스트레스를 받지 않으며 하고 있다.
  I do it in a way that doesn't **cause undue stress**.
- 자신을 남들과 비교하면 과도한 스트레스가 생길 수 있다.
  Comparing yourself to others can **cause undue stress**.
- 인간관계가 때로는 지나친 스트레스를 유발할 수 있다.
  Relationships can sometimes **cause undue stress**.

A I keep getting sick with **minor illnesses** these days.

B Really? Maybe you have a **weakened immune system**.

A That could be it.

B You need to **eat healthy** and **get plenty of sleep**.

A I have been **having a hard time** falling asleep lately.

B That could be the cause.

A 요즘 자꾸 잔병이 많네요.

B 그래요? 면역력이 떨어졌나 봐요.

A 그럴 수도 있겠네요.

B 잘 먹고, 잘 자야 해요.

A 요즘 잠이 잘 안 와서 고생하고 있어요.

B 그게 문제일 수 있겠네요.

 주요 표현

- **minor illnesses**
  잔병
- **weakened immune system**
  약해진 면역력
- **eat healthy**
  건강한 식사를 하다
- **get plenty of sleep**
  충분한 수면을 취하다
- **have a hard time**
  힘든 시기를 보내다

01 광고 캠페인이 제품의 성공에 핵심 역할을 했다.
   (play a key role in)

....

02 먹는 것을 매우 즐기는 사람들은 주로 음식 사진을 많이 찍는다.
   (take great pleasure in eating)

....

03 그것이 과도한 스트레스를 유발하고 있다면 그만두는 것이 좋을 것 같다.
   (cause undue stress)

....

04 건강한 식단을 유지하면 여러 가지 긍정적인 변화를 경험하게 될 것이다.
   (eat healthy)

....

 정답

01. The ad campaign **played a key role in** the product's success.
02. People who **take great pleasure in eating** often take pictures of their food.
03. You should quit if it's **causing undue stress**.
04. You will experience many positive changes if you **eat healthy**.

실생활 한자 익히기

우리 몸의 免疫力은 각종 感染으로부터 우리 몸을 保護하는 데 중요한 역할을 합니다. 올바른 식습관, 꾸준한 운동, 적당한 休息 등으로 우리의 免疫力을 높일 수 있습니다.

다만, 저는 먹는 것에서 큰 즐거움을 얻는 사람입니다. 그래서 건강한 음식을 챙겨 먹는 것이 오히려 괴로울 때가 있습니다. 그 대신, 저는 免疫力에 좋은 비타민을 攝取하고 있습니다.

매일 충분한 熟眠과 水分 攝取도 하고 있습니다. 그리고 몸에 좋지 않은 음식을 되도록 많이 안 먹으려고 努力도 하고 있습니다. 그러나 무엇보다도, 이 모든 것을 과도한 스트레스를 받지 않는 선에서 하고 있습니다.

01 免疫力 면역력 (免 면할 면 疫 전염병 역 力 힘 력)

02 感染 감염 (感 느낄 감 染 물들 염)

03 保護 보호 (保 지킬 보 護 도울 호)

04 休息 휴식 (休 쉴 휴 息 쉴 식)

05 攝取 섭취 (攝 잡을 섭 取 가질 취)

06 熟眠 숙면 (熟 익을 숙 眠 잘 면)

07 水分 수분 (水 물 수 分 나눌 분)

08 努力 노력 (努 힘쓸 노 力 힘 력)